交通运输职业教育高职汽车运用与维修技术专业教材

U0649445

Qiche Yunxing Cailiao

汽车运行材料

全国交通运输职业教育教学指导委员会　**组织编写**

蒋晓琴　**主　　编**

姚文俊　郭　静　**副主编**

崔选盟　**主　　审**

人民交通出版社股份有限公司
China Communications Press Co.,Ltd.

内 容 提 要

本书是交通运输职业教育高职汽车运用与维修技术专业教材之一,对近年来汽车上的运行材料进行了介绍解析,主要内容包括:石油的基本知识、汽车燃料、发动机润滑油、车辆齿轮油、车用传动油、制动液、冷却液、车用润滑脂、车用空调制冷剂、汽车风窗玻璃清洗液、蓄电池电解液、汽车轮胎。

本书可作为高职高专汽车运用技术、汽车检测与维修技术、汽车服务工程等专业基础课教材,也可作为汽车机电技术人员的参考书。

图书在版编目(CIP)数据

汽车运行材料/全国交通运输职业教育教学指导委员会组织编写;蒋晓琴主编. —北京:人民交通出版社股份有限公司, 2019.8 (2024.12重印)

ISBN 978-7-114-15562-8

Ⅰ.①汽⋯　Ⅱ.①全⋯②蒋⋯　Ⅲ.①汽车—运行材料—高等职业教育—教材　Ⅳ.①U473

中国版本图书馆 CIP 数据核字(2019)第 101766 号

书　　名:	汽车运行材料
著 作 者:	蒋晓琴
责任编辑:	张一梅
责任校对:	张　贺
责任印制:	刘高彤
出版发行:	人民交通出版社股份有限公司
地　　址:	(100011)北京市朝阳区安定门外外馆斜街 3 号
网　　址:	http://www.ccpcl.com.cn
销售电话:	(010)85285911
总 经 销:	人民交通出版社股份有限公司发行部
经　　销:	各地新华书店
印　　刷:	北京虎彩文化传播有限公司
开　　本:	787×1092　1/16
印　　张:	9.5
字　　数:	216 千
版　　次:	2019 年 8 月　第 1 版
印　　次:	2024 年 12 月　第 3 次印刷
书　　号:	ISBN 978-7-114-15562-8
定　　价:	24.00 元

(有印刷、装订质量问题的图书,由本公司负责调换)

前　　言

为贯彻落实《国务院关于印发〈国家教育事业发展"十三五"规划〉的通知》（国发〔2017〕4号）精神，深化教育教学改革，提高汽车技术人才培养质量，满足创新型、应用型人才培养目标的需要，全国交通运输职业教育教学指导委员会组织来自全国交通职业院校的专业教师，按照教育部发布的《高等职业学校汽车运用与维修技术专业教学标准》的要求，紧密结合高职高专人才培养需求，编写了交通运输职业教育高职汽车运用与维修技术专业教材。

在本系列教材编写启动之初，全国交通运输职业教育教学指导委员会组织召开了交通运输职业教育高职汽车运用与维修技术专业教材编写大纲审定会，邀请行业内知名专家对该专业的课程体系和教材编写大纲进行了审定。教材初稿完成后，每种教材由一名资深专业教师进行主审，编写团队根据主审意见修改后定稿，实现了对书稿编写全过程的严格把关。

本系列教材在编写过程中，认真总结了全国交通职业院校的专业建设经验，注意吸收发达国家先进的职业教育理念和方法，形成了以下特色：

1. 与专业教学标准紧密衔接，立足先进的职业教育理念，注重理论与实践相结合，突出实践应用能力的培养，体现"工学结合"的人才培养理念，注重学生技能的提升。

2. 打破了传统教材的章节体例，采用模块式或单元＋任务式编写体例，内容全面、条理清晰、通俗易懂，充分体现理实一体化教学理念。为了突出实用性和针对性，培养学生的实践技能，每个模块后附有技能实训；为了学习方便，每个模块后附有模块小结、思考与练习（每个任务后附有思考与练习）。

3. 在确定教材编写大纲时，充分考虑了课时对教学内容的限制，对教学内容进行优化整合，避免教学冗余。

4. 所有教材配有电子课件，大部分教材的知识点，以二维码链接动画或视频资源，做到教学内容专业化，教材形式立体化，教学形式信息化。

《汽车运行材料》是本系列教材之一。全书由四川交通职业技术学院蒋晓琴担任主编,江苏航运职业技术学院姚文俊、四川交通职业技术学院郭静担任副主编,陕西交通职业技术学院崔选盟担任主审。参加本教材编写工作的有:江苏航运职业技术学院姚文俊(编写模块一、模块五、模块九、模块十),四川交通职业技术学院蒋晓琴(编写模块三、模块四、模块八),四川交通职业技术学院郭静(编写模块六、模块七、模块十二),四川交通职业技术学院王金泰(编写模块二、模块十一)。

　　由于编者水平和经验有限,书中难免存在不足或疏漏之处,恳请广大读者提出宝贵意见,以便进一步修改和完善。

全国交通运输职业教育教学指导委员会
2019 年 2 月

目　录

模块一 石油的基本知识

学习目标

1. 能准确描述石油的化学组成;
2. 能准确描述烃的类型;
3. 能准确叙述石油中的非烃化合物种类;
4. 能准确叙述烃类分布规律;
5. 能准确叙述石油产品的提炼方法;
6. 能准确叙述石油产品的精制方法。

建议课时

4 课时。

一、石油的化学组成

石油是一种黏稠的液体,通常是由红棕色到黑色,也有淡黄、暗绿、深褐等颜色,并有特殊的气味,密度一般比水轻(其范围在 $0.80 \sim 0.98 \mathrm{g/cm^3}$)。但是也有个别例外,如美国某些石油密度低至 $0.7078 \mathrm{g/cm^3}$,伊朗某些石油密度高达 $1.06 \mathrm{g/cm^3}$。

石油的化学成分比较复杂,它既不是由单一的元素组成,也不是由简单的化合物组成,它是各种碳氢化合物的混合物。按元素分析,石油中的主要组成元素是碳(C)和氢(H),占 $95\% \sim 99.5\%$。其中碳元素占 $83\% \sim 87\%$,氢元素占 $11\% \sim 14\%$,其他少量的元素为氧(O)、硫(S)、氮(N)等元素,总共占 $0.5\% \sim 5\%$。此外,在石油中还发现极微量的氯、碘、磷、砷、钠、钾、钙、铁、铜、镁、铝、钒等元素。

(一)石油中的烃

碳氢化合物常被称为烃,按其结构不同,烃主要分为烷烃、环烷烃、芳香烃、不饱和烃 4 类。

1. 烷烃

烷烃是链状饱和烃,分子结构呈链状,其分子式通式为 C_nH_{2n+2},n 为碳原子数,碳原子数在 10 以内的,以甲、乙、丙、丁、戊、己、庚、辛、壬、癸命名,例如:甲烷、正辛烷。碳原子数在 10 以上的,用中文数字十一、十二、十三……命名。

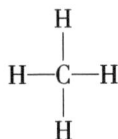

甲烷(CH_4)

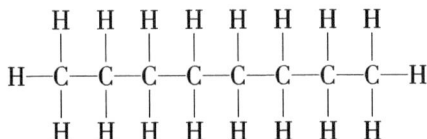

正辛烷(C_8H_{18})

正辛烷也可用简化的结构式表示为：

$$CH_3—CH_2—CH_2—CH_2—CH_2—CH_2—CH_2—CH_3$$

烷烃按其结构又可分为正构烷烃和异构烷烃两类。凡是烷烃分子中的主碳链上没有碳支链的称为正构烷烃，而有支链结构的称为异构烷烃。异构烷烃按其碳原子数命名为异"某"烷，例如异辛烷（分子式为 C_8H_{18}）。

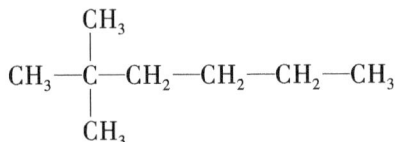

异辛烷(C_8H_{18})

但分子式相同的异辛烷有多种结构形式。为了表示区别，命名规则如下：

(1)烷基：烷烃分子去掉一个氢原子所剩下的部分称为烷基，其分子式通式为 C_nH_{2n+1}，写成 R—。

如 CH_4 是甲烷，CH_3— 即为甲基；C_2H_6 为乙烷，C_2H_5— 即为乙基。

(2)选择最长的碳链为主链，用主链的碳原子数来命名，称其为"某"烷。

(3)将主链中离烷基最近一端作为起点，把碳原子依次编号，以确定烷基的位置。

(4)用阿拉伯数字表示烷基的位置，中文数字表示烷基的数目，并写在"某"烷的前面。

例如，3 种不同结构的异辛烷的命名是：

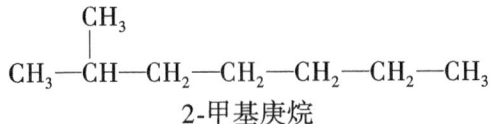

2-甲基庚烷

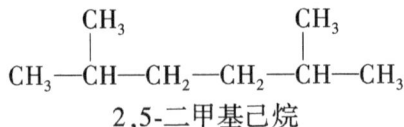

2,5-二甲基己烷

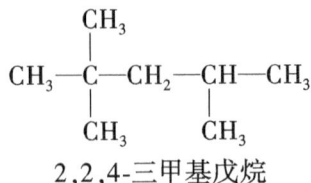

2,2,4-三甲基戊烷

以上列举的 3 种异辛烷和正辛烷的结构互不相同,但是分子式却相同(C_8H_{18}),在有机化学中叫做同分异构体。同分异构体由于结构不同,其性质也稍有不同。

烷烃分子中碳原子的化合价都得到满足,称为饱和烃,在低温时化学性质比较稳定,烷烃的碳链越长,结构越不稳定,易生成过氧化物及醇、醛等氧化物,发火性能好,是压燃式发动机燃料的理想成分。烷烃中的异构体较正构烷烃结构紧密,不易被氧化进而生成过氧化物,发火性能差,不易发生爆燃,是点燃式发动机燃料的理想成分。

在常温下,烷烃碳原子数在 1 ~ 4 的通常呈气态,碳原子数在 5 ~ 16 的一般呈液态,碳原子数在 16 以上的则一般呈固态。

2. 环烷烃

环烷烃分子结构式中的碳原子呈环状排列,并以一价互相结合。其余碳价都与氢原子相结合。由于所有的碳价都被饱和,因而它是一种环状饱和烃,分子通式是 C_nH_{2n}。燃油大都是单环的五碳环及六碳环的环烷烃,如:

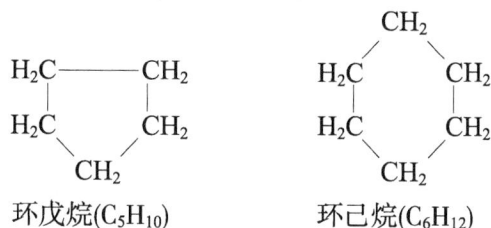

环戊烷(C_5H_{10})　　　环己烷(C_6H_{12})

环烷烃的化学性质比较稳定,不易氧化变质。一般须在 400℃ 以上时才能自燃,其抗爆性比正构烷烃高,与大部分异构烷烃的抗爆性能相当。环烷烃的凝点低,润滑性较好,是汽油和润滑油的理想成分。

在常温下,环烷烃碳原子数在 4 以下的通常呈气态,碳原子数在 4 以上的一般呈液态。

3. 芳香烃

芳香烃最简单的分子结构是苯(C_6H_6),由 6 个碳原子和 6 个氢原子组成环状,其中碳原子之间以单键与双键交替连接:

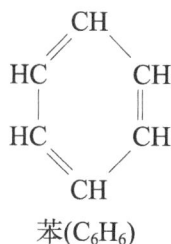

苯(C_6H_6)

芳香烃是以苯环为基础组成的化合物,有单苯环、双苯环的芳香烃,也有三苯环和四苯环的芳香烃,带侧链的芳香烃,还有由环烷烃和芳香烃混合组成的芳香烃等,如甲苯、烷基苯、萘、联苯及蒽等。

芳香烃分子式具有多种不同的通式,如 C_nH_{2n-6}、C_nH_{2n-12} 和 C_nH_{2n-18} 等。由于苯的分子结构中单键和双键能相互作用,因此,芳香烃的安定性比烷烃和环烷烃差,易与其他物质发生反应,例如苯和硫酸反应生成苯磺酸。但是芳香烃的自燃温度高,如苯的自燃温度高达 600℃,具有良好的抗爆能力。汽油中掺入少量的苯,就可以提高其抗爆性。但是芳香烃的发热量低(含氢原子少),凝点高(5.4℃),毒性也大,易产生积炭,对有机物的溶解能力强。

目前,车用汽油的发展趋势是限制芳香烃的掺入量,逐渐使用其他添加剂取代芳香烃。

4. 烯烃

烯烃较相同碳原子数的烷烃相比,氢原子数量少,不能满足碳的四价需要,所以分子中碳与碳原子之间有双键连接,为不饱和烃。有一个双键的称为烯烃,有两个双键的则为二烯烃,如:

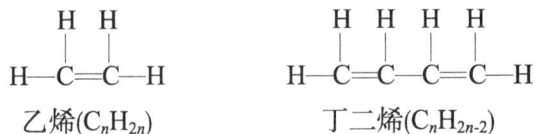

$$\begin{array}{ccc} & H & H \\ & | & | \\ H-C&=&C-H \end{array}$$

乙烯(C_nH_{2n})

$$\begin{array}{ccccc} & H & H & H & H \\ & | & | & | & | \\ H-C&=&C-&C&=C-H \end{array}$$

丁二烯(C_nH_{2n-2})

烯烃的分子通式是 C_nH_{2n},二烯烃的分子通式是 C_nH_{2n-2},烯烃、二烯烃由于氢原子不能满足碳原子的四价需要,其安定性最差,在一定条件下很容易氧化生成高分子黏稠物,特别容易进行加成反应、氧化反应和聚合反应。所以含烯烃较多的汽油或柴油,在长期储存中容易氧化变质,烯烃在工业上被广泛用来生产合成润滑油、合成橡胶、航空燃料和润滑油添加剂等。

不饱和烃对于大多数石油产品都不是理想成分,因为它在氧化时,会形成胶质和有机酸。石油产品中所含的不饱和烃成分,主要是在裂化加工过程中,由一些烷烃、环烷烃分解而生成的,可以通过精制石油产品将其除去。

(二)石油中的非烃化合物

石油中还含有一些非烃化合物,它们对石油产品的使用性能和石油的加工都有很大的影响,在石油的炼制过程中,多数精制过程都是为了处理掉非烃化合物,非烃化合物主要包括含硫化合物、含氧化合物、含氮化合物、胶状物质和沥青状物质。

1. 含硫化合物

含硫化合物包括硫化氢(H_2S)、硫醇(RSH)、硫醚(RSR')、二硫化物($RSSR'$)、环硫醚、噻吩及其同系物等。硫化氢被空气氧化生成硫,硫与石油烃类作用又可生成硫化氢和其他硫化物,一般在 $200 \sim 250℃$ 就能进行这种反应。硫醇在石油中含量不多,多存在于低沸点馏分中。硫醇中的 R 可为烷基,也可以是环烷基、芳香基(如苯硫酚)。硫醇不溶于水,低分子甲硫醇(CH_3SH)、乙硫醇(C_2H_5SH)具有极强烈的特殊臭味。硫、硫化氢和低分子硫醇都能与金属作用引起腐蚀,它们统称为活性硫化物。硫醚是中性液体,但稳定性较高,与金属没有作用,是石油中含量较多的硫化物之一。二硫化物在石油中含量较少,而且多集中于高沸点馏分中,也显中性,不与金属作用,但受热后能分解成硫酸、硫醇或硫化氢。噻吩及其同系物是一种芳香性的杂环化合物,物理化学性质与苯系芳香烃很接近,是石油中的主要含硫化合物。

2. 含氧化合物

石油中的含氧化合物可分为酸性氧化物和中性氧化物。酸性氧化物有环烷酸、脂肪酸和酚类,总称为石油酸。中性氧化物有醛、酮等,它们在石油中含量一般极少,约在千分之几的范围内。

酸性氧化物中,环烷酸约占 90%,它的化学性质与脂肪酸相似,是典型的一元羧酸,具有普通羧酸的一切性质。在中和时,环烷酸很容易生成各种盐类,其中碱金属的盐能很好地溶解于水。由于环烷酸能对金属引起腐蚀,在石油产品的炼制过程中,一般可用碱洗法除去。

3. 含氮化合物

石油中的含氮化合物可分为碱性和非碱性两类。碱性氮化物含量较多,如吡啶、喹啉、异喹啉和吡啶的同系物,非碱性氮化物主要有吡咯、吲哚咔唑及它们的同系物、金属的卟啉化合物。

含氮化合物的性质很不安定,容易氧化叠合生成胶质,影响石油产品的使用性能。若有较高的含氮量,燃烧时会产生难闻的臭味。

4. 胶质和沥青质

胶质、沥青质是石油中结构最复杂、分子量最大的物质,组成中除含有碳、氢外,还含有硫、氧、氮等元素。胶质是树脂状黏稠物质,呈深黄色至棕色。沥青质是非晶态粉末,呈深褐色或黑色。石油的颜色与所含胶质、沥青质的数量有关,其含量越高,石油的颜色就越深。石油中的沥青质全部集中在渣油中,在制取高黏度润滑油时,将它从渣油中脱出后,经氧化制成道路、建筑和电器绝缘用沥青。

石油中的非烃化合物,主要是胶质和沥青质,其含量在石油中可达百分之十几甚至百分之四十几。

(三)烃类分布规律

石油是混合物,没有固定的沸点,采用蒸馏方法制取油品时,各种油品是不同沸点的产物。蒸馏分离出来的各种成分,叫做馏分。一般情况下,蒸发温度为 35~200℃ 的馏分为汽油,蒸发温度为 200~350℃ 的馏分为煤、柴油,蒸发温度为 350~500℃ 的馏分为润滑油。表 1-1 说明了各种烃类对石油产品性质的影响。

各种烃类对石油产品性质的影响 表 1-1

烃　　类		密度	自燃点	辛烷值	十六烷值	化学安定性	黏度	黏温性	低温性
烷烃	正构	小	低	低	高	好	小	最好	差(高分子)
	异构		高	高	低	差			好
环烷烃	少环	中	中	中	中	好	大	好	中
	多环					差		差	
芳香烃	少环	大	高	高	低	好	大	好	中
	多环					差		差	
烯烃		稍大于烷烃	高	高	低	差			好

烷烃、环烷烃和芳香烃的碳原子个数少,分子量小和环数少的烃,都分布在低沸点馏分中;反之,则分布在高沸点馏分中。烷烃、环烷烃和芳香烃在石油产品(指后面讲到的直馏产品)中的分布规律如下。

1. 汽油

异构烷烃体积含量约占 21%,正构烷烃体积含量约占 29%,即烷烃含量约占 50%,正构烷烃的碳原子数为 C_5~C_{11},环烷烃和芳香烃多为单环。

2. 煤油

正构烷烃碳原子数为 $C_{11} \sim C_{13}$。

3. 轻柴油

正构烷烃碳原子数为 $C_{14} \sim C_{18}$，主要用于小型高速柴油机。

4. 重柴油

正构烷烃碳原子数为 $C_{19} \sim C_{25}$，主要用于固定式柴油发电机等低速柴油机。

5. 润滑油

正构烷烃碳原子数为 $C_{23} \sim C_{36}$，主要用于机械润滑及制药、涂料。

6. 渣油

正构烷烃碳原子数为 $C_{36} \sim C_{40}$，沸点范围在 350℃ 以上，主要用于大型船用燃料、锅炉燃料。

油品中烃类的分布规律不同，油品的使用性能也不同。例如：汽油与普通柴油的密度和自燃点（将油品加热到与空气接触因剧烈氧化而产生火焰自行燃烧的最低温度）不同，在温度为 20℃、气压为 100kPa 时，汽油的密度为 0.742kg/L，普通柴油的密度为 0.830kg/L，汽油的自燃点为 415 ~ 530℃，普通柴油的自燃点为 240 ~ 400℃。

二、石油产品的提炼方法

从地下开采出来的石油，是复杂的混合物，不能直接使用，需送到炼油厂加工，生产出符合一定质量要求的石油产品，才能满足各方面的需要。由于各个炼油厂采用的原油性质和生产的石油产品不同，其生产设备及工艺也不相同。一般将炼油厂分为燃料油、燃料—润滑油和燃料—化工 3 种类型。

燃料油型炼油厂，通常是先采用一次加工，即将原油进行蒸馏，依次分离出汽油、煤油、普通柴油、重柴油和润滑油等各种沸点不同的馏分。

燃料—润滑油型炼油厂，是通过一次加工将原油中轻质油品分出，余下的重质油品，再经过各种润滑油生产工艺，加工出润滑油。

燃料—化工型炼油厂，是将原油首先经过一次加工，蒸馏出轻质组分，再通过对余下的重质组分进行二次加工，使其转化为轻质组分。这些轻质组分一部分用作燃料油，一部分通过催化重整工艺、裂化工艺制取芳香烃和乙烯等化工原料。化工原料通过化工装置，制取醇、酮、酸等基本有机原料及合成材料等化工产品。

（一）蒸馏法

石油是由各种化合物组成的混合物，每一种化合物都有本身固有的沸点，利用这一点将石油逐渐加热，首先蒸发的是饱和蒸气压最高的最轻组分，然后在温度继续升高时，便会蒸发出越来越重的石油组分。在一定温度范围内收集的馏出物称为石油馏分。较低温度范围下的石油馏分叫轻馏分，较高温度范围下的石油馏分叫重馏分。这种利用石油中不同分子量和不同结构的烃具有不同沸点的性质，对石油进行一次加热，将一定沸点范围的烃分别收集，从而获得各种燃料和润滑油的加工方法，称为蒸馏法。蒸馏法分为常压蒸馏和减压蒸馏两种，如图 1-1 所示。

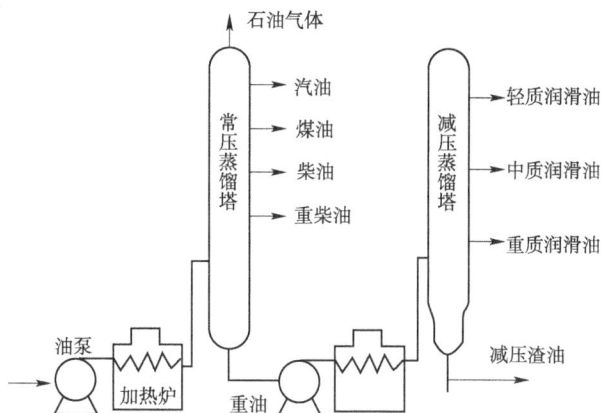

图 1-1　石油蒸馏流程图

常压蒸馏可直接从石油中得到汽油(蒸发温度范围为 35～200℃)、煤油(蒸发温度范围为 200～300℃)和柴油(蒸发温度范围为 300～350℃)等。其蒸馏流程是:首先将石油在管式炉中加热使之变成油蒸气,然后送入分馏塔中。分馏塔在不同的位置上安装着隔板,这些隔板称为塔盘。油蒸气在塔盘中冷凝结成液体,在分馏塔的上层塔盘中可以获得汽油馏分,在中部塔盘中可以获得喷气燃料和煤油馏分,在下部塔盘中可以获得柴油馏分。塔顶上获得的石油气体,是良好的化工原料,塔底部残留的不能蒸发的残油,是重油馏分,称为塔底油。塔底油流出后再进入减压蒸馏系统进行加工。

常压蒸馏的石油产品,主要由烷烃和环烷烃组成,由于蒸馏过程所发生的是物理变化,所以一般不含不饱和烃,产品性质安定,不易氧化变质,但抗爆性差。

减压蒸馏是以重油为原料,将重油通过蒸馏分为不同黏度的润滑油馏分,是炼制润滑油的重要工艺。由于重油的沸点高达 350～500℃,所以它不能采用常压蒸馏的方法。如果将重油采用常压蒸馏,势必要提高加热温度,这将导致重油分子发生裂解,变成轻油,影响制取润滑油的馏分组成。

众所周知,大气压力降低,液体的沸点也会降低。100kPa(760mmHg)大气压力下,水的沸点为 100℃,而在大气压力降至 70.5kPa(529mmHg)的地方(如在高原上),水的沸点即降至 90℃。同样,在降低压力的条件下加热重油,重油就会在较低的温度下沸腾,蒸发成气体。这样就可以达到从重油中分离出各种不同润滑油馏分的目的,而不致引起重新裂解。减压蒸馏的目的是将常压蒸馏剩下的塔底重馏分油,在适当降低压力的条件下蒸馏,从而获得润滑油和裂化原料油的原料。

减压蒸馏法的塔底油在管式炉中被加热至 400℃以上,送入减压蒸馏塔中,塔内保持 1.33kPa 的压力,使重油蒸发成气体,并在各层塔盘中冷凝,则在减压蒸馏塔上下不同高度的塔盘中,即可分别获得轻质润滑油馏分、中质润滑油馏分和重质润滑油馏分,这些油统称为馏分油。塔底残留的油料,经丙烷脱沥青、脱蜡和精制后制得的各种油品称为渣油型润滑油。用两种馏分润滑油或由一种馏分润滑油与残馏润滑油按不同比例进行调和,以生产出各种不同规格的润滑油,这些润滑油统称为调和油。一般黏度大的发动机油大多属于调和油。

利用直馏法获得的汽油、柴油产率较低,一般在 25%～30%。远不能满足日益增长的燃料需求。因此,近代炼制工艺是采用各种二次加工,以获得更多更好的油品。二次加工法有热裂化、催化裂化、加氢裂化、催化重整、烷基化和延迟焦化等方法。

(二)热裂化法

热裂化法是利用重质烃类在高温、高压下可发生裂解的性质,将一些大分子烃类分裂成为一些小分子烃类,从而获得更多的汽油、柴油等石油产品的一种加工方法。温度和压力视重油的组成而定,一般裂化温度高于460℃,最高压力7.0MPa,热裂化产品有裂化气、汽油、柴油、渣油等。利用热裂化法,汽油的产率为30%~50%,柴油的产率约为30%。由于裂化的汽油和柴油中,含有较多的烯烃和芳香烃,汽油抗爆性较直馏汽油强。柴油的十六烷值和凝点较直馏柴油低,性质不安定,储存易氧化变质,所以一般不宜单独使用,主要用来掺和低辛烷值的车用汽油和高凝点的柴油。热裂化法在国外已被淘汰。

(三)催化裂化法

催化裂化法与热裂化的区别是,重质烃类的裂解是在催化剂的作用下进行的。催化剂主要是硅酸铝或合成泡沸石等。由于有催化剂的作用,使大分子烃在较低的温度(通常为450~590℃)在常压或较低压力(压力为0.1~0.2MPa)条件下就能裂化成小分子烃,并改变分子结构,发生异构化、芳构化和氢转移反应,使油品中不饱和烃大大减少,异构烷烃、芳香烃增多。因此,催化裂化汽油性质安定,辛烷值高(可达80),故用作航空汽油和高级车辆用汽油的基本组成成分。催化裂化过程还产生大量丙烯、丁烯、异丁烷等裂化气体,它们是宝贵的化工原料。催化裂化还能提供大量液化石油气以供民用。催化裂化所产生的柴油,含有大量的重质芳香烃,经抽提后,不仅可改善柴油的燃烧性能,同时可得到大量制萘的原料。

用催化裂化法可制得43%左右的汽油、33%左右的柴油、7%左右的焦炭、14%左右的化工合成原料和一些裂化气体。由于催化裂化法炼制的石油产品质量好,同时能综合利用,所以是目前普遍采用的炼制方法之一。

(四)加氢裂化法

加氢裂化法是20世纪60年代初期发展起来的新工艺。它是在高温(370~430℃)和高压(10~15MPa),并有催化剂和氢气(为原料质量的2.5%~4.0%)的作用下,对原料加氢、裂化和异构化,从而获得各种高质量油品的一种炼制方法。

加氢反应可使不饱和烃变成饱和烃,生产的汽油抗爆性好,安定性高,腐蚀性小;生产的柴油发火性好,凝点也低;生产的润滑油黏温性能好。

加氢裂化的原料广泛,柴油、减压馏分甚至渣油以及含硫、含氮、含蜡很高的原料都可以用,而且产品的产率接近100%。但这种方法是在高压下操作,条件苛刻,需要合金钢材较多,投资大,故没有催化裂化法那样应用普遍。

(五)催化重整法

催化重整法指对直馏汽油的馏分,在催化剂(铂、锗等贵金属)作用下,使其烃分子结构进行重新排列形成新的分子结构,从而获得高辛烷值和安定性好的汽油组分的工艺。

催化重整的汽油组分辛烷值高达85,抗氧化安定性好。

(六)烷基化法

在催化剂作用下,烷烃与烯烃的化学加成反应叫做烷基化。烷基化的主要原料是催化裂化气体中的异丁烷和丁烯,其他如丙烯和戊烯也可作为原料,催化剂是浓硫酸或氢氟酸,我国目前采用的是浓硫酸。

烷基化法加工流程是:将原料和硫酸同时送入反应器中,硫酸与原料之比约为1:1.8。反应器中的压力为0.3MPa,温度为4~10℃,原料在液态下进行加成反应。反应时应进行充分搅拌,以保证硫酸和烃类形成乳状液,使之充分接触,反应完全。反应过程中,硫酸浓度降至85%时,应另换新酸。反应后的产物用沉降法分离出硫酸,再经碱洗和水洗,然后送入蒸馏塔提出轻烷基化油和重烷基化油。

烷基化法主要产物是工业异辛烷(轻烷基化油),具有高抗爆性,可作为汽油的组分使用,国外高级汽油中,烷基化汽油加入量达28%。重烷基化油可作为普通柴油组分使用。

(七)延迟焦化法

延迟焦化法是为了充分利用能源以得到更多的轻质油,对减压油等重质油品进行深度加工的一种方法。其产品主要是轻质燃料、裂化原料油和石油焦等。

将减压渣油预热后送入焦炭塔下部,和焦化生成的气体产物进行热交换,在塔内高温作用下,停留足够时间进行反应。从焦炭塔顶部引出高温油气进入分馏塔底部,在分馏塔内分离出焦化气、汽油、柴油和焦化蜡油,余下的重质油再送回加热炉加热,并和原料油一起送入焦炭罐重新循环进行焦化。在高温500℃左右下,一方面使大分子的烃类裂化反应分解成为小分子烃类,直至成为气体,另一方面缩合成石油焦。为了防止原料在炉管内生焦,应设法缩短原料在高温炉管内的停留时间,而延迟到进入焦炭塔后再给予充分时间进行反应生成焦炭,故称为延迟焦化。

延迟焦化法汽油生产率达10%~20%,柴油生产率达25%~35%,裂化原料油的生产率为25%~35%、油焦生产率为15%~20%。焦化石油产品含有大量的烯烃,安定性很差,必须进行精制。

(八)石油产品的精制

原油经蒸馏和各种二次加工得到的燃料、润滑油产品大都是半成品,除含有少量杂质(如硫、氧、氮的化合物)外,还含有极不安定的不饱和烃(如二烯烃)。为了保证油品质量,须经精制除去这些不良成分,常用的精制方法如下。

1. 电化学精制

在高压电场作用下,对油品进行酸洗和碱洗,以除去产品油中的非理想成分。浓硫酸对非烃化合物有溶解作用,并可进行磺化反应,也可与烯烃、二烯烃进行酯化和叠合反应,其产物大部分都溶于酸中,生成酸渣,经沉淀与油分离。但是,油经浓硫酸处理后会呈酸性,故要用碱中和,从而得到腐蚀性小、安定性好的油品。因此,电化学精制又称酸碱精制法。

2. 加氢精制

加氢精制与加氢裂化反应相似,是将油品在一定温度(300~425℃)、一定压力(6~15Mpa)以及有催化剂和加氢的条件下,除去油中的硫、氮、氧、多环芳香烃和金属杂质等有害组分,并使不饱和烃变成饱和烃,以改善油品质量的一种方法。

直馏、热裂化所得的汽油、煤油、润滑油、重油等,均可用加氢精制,得到的产品质量好,生产率高(接近100%);但加氢精制投资较大,技术条件较严格。加氢精制是近年来发展较快的一种精制方法。

3. 溶剂精制

溶剂精制是利用一些溶剂在一定的条件下,能很好地溶解油品中的胶质、沥青质和带有短侧链的多环烃等不良物质,而对烷烃和带长侧链的环烷烃很少溶解的性能,使油品得到精制。

常用的溶剂有糠醛、酚和硝基苯等。溶剂精制与电化学精制相比,其产品生产率高,溶剂能回收重复使用,且没有酸、碱渣等污染物,所以得到较广泛使用。

4. 白土精制

白土精制用作电化学精制及溶剂精制的补充,以进一步提高油品的质量。白土是表面孔隙大的多孔性陶土,能吸附油内的沥青、树脂、硫、氮的化合物、无机酸和溶剂等。将磨细的白土与油品混合,在管式炉内加热到200~300℃,送到接触塔内,让白土与油品接触处理5~15min,待油品冷却到150℃左右,滤除白土,即可获得精炼油。

白土精制的缺点是:废白土中含有约5%的油品,不易提出。所以,目前国外大多数炼油厂已经用加氢补充精制代替白土精制。加氢补充精制和加氢精制原理相似,只是处理条件有所不同。

5. 脱蜡

从煤油到各种润滑油馏分中,一般都含有不同数量的石蜡或地蜡。含蜡的油品凝点高,低温流动性差,所以应将油品中的蜡分离出来,即脱蜡。

冷榨脱蜡:通过冷冻降低油温,使蜡结晶,再经压榨将油品中的蜡分离出来。它只适用于轻质油料。

溶剂脱蜡:往油品中加入溶剂,降低油品黏度。这种溶剂在一定的低温时只溶解油而不溶解蜡。这样,经低温冷冻后,使油与蜡分离。常用的溶剂有丙酮、苯及甲苯的混合物。

分子筛脱蜡:分子筛是合成的泡沸石,是结晶型的碱金属硅酸铝盐。它是一种选择性的吸附剂,具有特殊的孔道结构,仅能吸附某些正构烷烃分子,从而达到脱蜡的目的。

此外,脱蜡还有微生物脱蜡、尿素脱蜡等方法。

技能实训

我们日常生活中无法接触到石油,鉴于此,请查找相关资料填写以下项目:

(1)根据世界石油产量分布图(13国,图1-2)及各国的国土面积以及人口数量(2018年统计,表1-2),则单位国土面积蕴藏石油含量按照由高到低的顺序依次为_____。人均石油蕴藏量由高到低的顺序依次为_____。

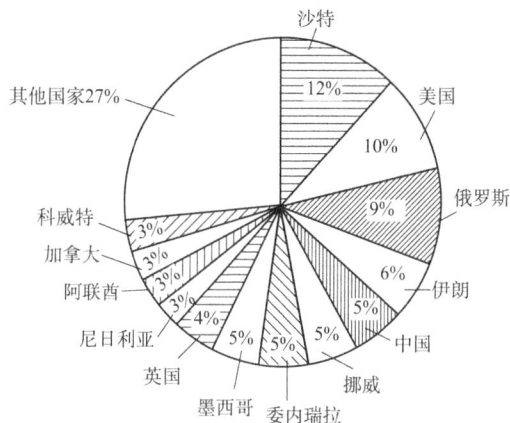

图 1-2 世界石油产量分布图

各国的国土面积及人口数量   表 1-2

国　　家	面积(万 km²)	单位面积蕴藏量	人口(万人)	人均石油蕴藏量
沙特	215.0		3006	
美国	936.4		32276	
俄罗斯	1707.5		14635	
伊朗	163.3		7892	
中国	960.1		140537	
挪威	32.4		508	
委内瑞拉	91.2		3178	
墨西哥	195.8		12627	
英国	24.5		6504	
尼日利亚	92.4		18231	
阿联酋	8.4		1039	
加拿大	997.1		3587	
科威特	1.8		353	

(2)世界各地开采的石油,其密度大小不一,根据其密度由大到小排列的顺序依次为

_____。

(3)关于烃类的分布规律,从不同的角度出发有不同的排列,试列举其他的排列规律一、二种。

(4)试列举出日常生活中有哪些物品属于石油产品。

模块小结

(1)石油是一种黏稠的液体,通常是由红棕色到黑色,也有淡黄、暗绿、深褐等颜色,并有特殊的气味,密度一般比水轻(其范围在 0.80 ~ 0.98g/cm³)。

(2)碳氢化合物常称为烃,按其结构不同,烃主要分为烷烃、环烷烃、芳香烃、不饱和烃。

(3)烷烃是链状饱和烃,分子结构呈链状,其分子式通式为 C_nH_{2n+2},n 为碳原子数。在常温下,烷烃碳原子数在 1~4 的通常呈气态,碳原子数在 5~16 的一般呈液态,碳原子数在 16 以上的则一般呈固态。

(4)环烷烃是一种环状饱和烃,分子通式是 C_nH_{2n}。在常温下,环烷烃碳原子数在 4 以下的通常呈气态,碳原子数在 4 以上的一般呈液态。

(5)芳香烃的碳原子之间以单键与双键交替连接,芳香烃分子式具有多种不同的通式,如 C_nH_{2n-6}、C_nH_{2n-12} 和 C_nH_{2n-18} 等。由于苯的分子结构中单键和双键能相互作用,因此,芳香烃的安定性比烷烃和环烷烃差,易和其他物质发生反应,例如苯和硫酸反应生成苯磺酸。

(6)烯烃的分子通式是 C_nH_{2n},二烯烃的分子通式是 C_nH_{2n-2}。不饱和烃对于大多数石油产品都不是理想成分,因为它在氧化时,会形成胶质和有机酸。石油产品中所含的不饱和烃成分,主要是在裂化加工过程中,由一些烷烃、环烷烃分解而生成的,可以通过精制石油产品将其除去。

(7)石油中非烃化合物主要包括含硫化合物、含氧化合物、含氮化合物、胶状物质和沥青状物质。

(8)烷烃、环烷烃和芳香烃在石油产品(指后面讲到的直馏产品)中的分布规律:汽油中正构烷烃的碳原子数为 C_5~C_{11},环烷烃和芳香烃多为单环;煤油中正构烷烃碳原子数为 C_{11}~C_{13};轻柴油中正构烷烃碳原子数为 C_{14}~C_{18};重柴油中正构烷烃碳原子数为 C_{19}~C_{25};润滑油中正构烷烃碳原子数为 C_{23}~C_{36}。

(9)渣油中正构烷烃碳原子数为 C_{36}~C_{40},沸点范围在 350℃以上,主要用于大型船用燃料、锅炉燃料。

(10)石油产品的提炼方法:蒸馏法、热裂化法、催化裂化法、加氢裂化法、催化重整法、烷基化法、延迟焦化法。

(11)石油产品常用的精制方法:电化学精制、加氢精制、溶剂精制、白土精制、脱蜡。

思考与练习

(一)单项选择题

1. 以下关于石油的组成描述错误的是( )。

　A.石油中的主要组成元素是碳和氧

　B.石油中的碳元素占83%~87%

　C.石油中的氢元素占11%~14%

　D.石油中的氧(O)、硫(S)、氮(N)等元素,总共占 0.5%~5%

2. 关于烷烃的描述正确的是( )。

　A.烷烃是链状不饱和烃

　B.烷烃的分子结构呈环状排列

　C.烷烃碳原子数在 10 以内的,以甲、乙、丙、丁、戊、己、庚、辛、壬、癸命名

　D.烷烃碳原子数在 10 以内的,用中文数字一、二、三、四、五、六、七、八、九命名

3. 以下关于烃的描述不正确的是( )。

A. 碳氢化合物常称为烃,按含碳量的不同,分为烷烃、环烷烃、芳香烃、不饱和烃 4 类

B. 芳香烃最简单的分子结构是苯,由 6 个碳原子和 6 个氢原子组成环状,其中碳原子之间以单键与双键交替连接

C. 烯烃较相同碳原子数的烷烃相比,氢原子数量少,不能满足碳的四价需要,所以分子中碳与碳原子之间有双键连接,为不饱和烃

D. 环烷烃分子结构式中的碳原子呈环状排列,并以一价互相结合。其余碳价都与氢原子相结合

4. 馏分为汽油的蒸发温度是(　　　)。

　A. 35 ~ 200℃　　　　　B. 200 ~ 350℃　　　　　C. 200 ~ 500℃　　　　　D. 350 ~ 500℃

5. 汽油中烷烃、环烷烃和芳香烃的分布规律是(　　　)。

A. 异构烷烃体积含量约占 21%,正构烷烃体积含量约占 29%,即烷烃含量约占 50%,正构烷烃的碳原子数为 C_5 ~ C_{11},环烷烃和芳香烃多为单环

B. 正构烷烃碳原子数为 C_{11} ~ C_{13}

C. 正构烷烃碳原子数为 C_{14} ~ C_{18}

D. 正构烷烃碳原子数为 C_{19} ~ C_{25}

(二)判断题

1. 在石油中还发现极微量的氯、碘、磷、砷、钠、钾、钙、铁、铜、镁、铝、钒等元素。(　　　)

2. 烷烃分子中碳原子的化合价大部分得到满足,称为饱和烃。(　　　)

3. 环烷烃的化学性质比较稳定,不易氧化变质。一般须在 200℃ 以上时才能自燃。(　　　)

4. 芳香烃的自燃温度高、凝点高、毒性大、易产生积炭。(　　　)

5. 不饱和烃对于大多数石油产品都是理想成分。(　　　)

6. 燃料型炼油厂,将原油进行蒸馏,依次分离出汽油、煤油、普通柴油、重柴油和润滑油等各种沸点不同的馏分。(　　　)

7. 燃料—润滑油型炼油厂,是先将原油中轻质油品分出,余下的重质油品,再经过各种润滑油生产工艺,加工出润滑油。(　　　)

8. 较高温度范围下的石油馏分叫轻馏分,较低温度范围下的石油馏分叫重馏分。(　　　)

9. 减压蒸馏是以重油为原料,将重油通过蒸馏分为不同黏度的润滑油馏分,是炼制润滑油的重要工艺。(　　　)

10. 加氢精制与加氢裂化反应不一样,是将油品在一定温度、压力以及有催化剂和加氢的条件下,除去油中的硫、氮、氧、多环芳香烃和金属杂质等有害组分。(　　　)

(三)简答题

1. 烃类主要分为哪几种?

2. 非烃化合物主要包括哪几种?

3. 烷烃按其结构如何分类?异辛烷有多种结构形式,怎样命名?

4. 各种烃类对石油产品性质的影响有哪些?

5. 石油产品提炼的基本方法有哪些?各有何特点?

6. 石油产品常用的精制方法有哪些?各有何特点?

模块二 汽车燃料

学习目标

1. 能够描述汽油的特点；
2. 能够描述汽油的使用性能；
3. 能够辨别汽油质量的优劣；
4. 能够根据实际需要,选择适合的汽油牌号；
5. 能够描述柴油的特点；
6. 能够描述柴油的使用性能；
7. 能够辨别柴油质量的优劣；
8. 能够根据实际需要,选择适合的柴油牌号；
9. 能够叙述现代汽车替代燃料的基本要求。

建议课时

6 课时。

一、车用汽油

汽车在道路上行驶,需要消耗燃料以提供动力。燃料通常指能够通过燃烧将自身储存的化学能转化为热能的物质。目前绝大多数汽车,都是使用汽油或柴油作为燃料。近年来为了减少能源消耗、降低空气污染,人们开发了醇类燃料、天然气和液化石油气等汽车新能源作为汽车的燃料。

汽油是在石油中精炼出来的,主要由碳、氢元素组成的碳氢化合物,碳约占85%,氢占约15%。汽油是汽油发动机的主要燃料,密度一般为 $0.70 \sim 0.78 \mathrm{g/cm^3}$,有特殊的汽油芳香气味,是一种密度小且易于挥发的液体燃料,自燃点为 $415 \sim 530℃$ 。

(一)汽油的使用性能及评价指标

车用汽油是由石油经过直馏馏分和二次加工馏分调和精制,并加入必要添加剂而制成的液体燃料,主要供汽油发动机汽车使用。车用汽油的沸点范围为 $30 \sim 205℃$ 。

车用汽油为能保证最大限度地实现汽车发动机的动力性、可靠性和经济性,提高汽车发动机的使用寿命,对车用汽油的基本要求是:具有良好的蒸发性,在极短的时间内由液体蒸发成气体,与空气形成良好的可燃混合气以使其快速、稳定的燃烧;具有良好的抗爆性,不发生爆燃现象;易储存,在储存和使用过程中不发生明显的质量变化,燃烧后无积炭;不引起发动机零部件的腐蚀,不含有机械杂质及水分,环境污染少,无害性等。车用汽油的使用性能主要包括:蒸发性(挥发性)、抗爆性、安定性(稳定性)、腐蚀性和清洁性等。

1. 蒸发性

车用汽油的蒸发性又称挥发性,指在一定压力、温度下,汽油由液态转变为气态的能力。车用汽油应有适宜的蒸发性。汽油的蒸发性,将直接影响汽油发动机中的燃烧是否正常,影响发动机的功率和经济性。评价汽油蒸发性的常用指标有馏程和饱和蒸气压。

(1)馏程。馏程是油品在规定条件下蒸馏所得到的,以初馏点和终馏点表示其蒸发特征的温度范围。馏程的测定是按《石油产品馏程测定法》(GB/T 6536—2010)的规定进行的。将100mL试样按规定条件进行蒸馏,馏程的测定方法如图2-1所示。

(2)饱和蒸气压。饱和蒸气压指在一定温度下,汽油的液气两相达到平衡时的蒸气压强。它主要用来评定汽油在使用中形成"气阻"倾向的大小。饱和蒸气压越高,说明汽油中含轻质成分越多,挥发性好、低温起动性越好,但产生"气阻"的可能性越大,在储存中的蒸发损耗也越大。国家标准规定车用汽油的饱和蒸气压春夏季不大于74kPa,秋冬季不大于88kPa。

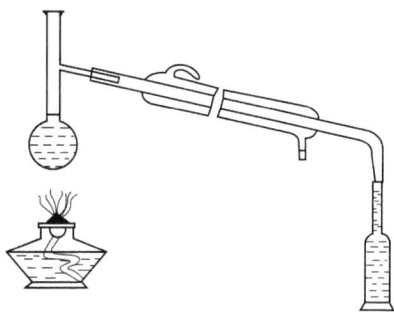

图 2-1 馏程测定方法

2. 抗爆性

车用汽油在燃烧室的正常燃烧是指:车用汽油和空气的混合气在燃烧室中被火花塞发火点燃后,火焰应均衡稳定地传播到整个燃烧室,直至燃烧结束。正常燃烧不仅使发动机的动力性得到充分发挥,而且运转也平稳柔和,车辆行驶正常;但有时也会出现不正常的燃烧,即燃烧室内火焰前锋尚未引燃的混合气,因过氧化物过浓而氧化急骤加快,从而自行着火,产生高温、高压、高速的压力波,冲击汽缸和活塞并发出金属敲击声,使发动机动力下降,排气管冒黑烟,油耗上升,严重还会损伤机件,这种现象被称为爆燃或爆震。为了使发动机正常工作,车用汽油在发动机中燃烧时必须具有抗爆燃的能力,这种能力被称为车用汽油的抗爆性。

汽油的抗爆性用辛烷值评定。辛烷值是代表点燃式发动机燃料抗爆性的一个约定数值。在规定条件下的标准发动机试验中,通过和标准燃料进行比较来测定,用和被测定燃料具有相同抗爆性的标准燃料中异辛烷的体积百分数表示。测定的方法有研究法(RON)和马达法(MON)两种。

(1)研究法辛烷值(RON)。使用标准的试验发动机在规定的运转条件下,使用专用的电子爆震仪系统进行测量。将试样与已知辛烷值的正标准混合燃料的爆震特性进行比较,调整发动机的压缩比和试样的空燃比使其产生标准的爆震强度,标准爆震强度操作表中列出了压缩比和辛烷值的对应关系。测定时按《汽油辛烷值的测定 研究法》(GB/T 5487—2015)的规定进行,先选定两种标准液:一种是异辛烷,其抗爆性相当好,规定辛烷值为100;

另一种是正庚烷,其抗爆性很差,规定其辛烷值为0。把它们按不同的体积比混合即可获得各种不同抗爆能力的参比用标准燃料,再把试油加到标准的试验用可变压缩比单缸发动机中,通过改变汽缸高度逐渐加大压缩比使之发生爆燃,并达到标准的爆燃强度(可从仪表上读出)。然后,在相同条件下选择辛烷值接近的标准燃料与试油进行对比试验,当某种标准燃料与进行对比试验的试油相同时,该标准燃料中异辛烷的体积百分数即为试油辛烷值。

(2)马达法辛烷值(MON)。使用标准的试验发动机在规定的运转条件下,使用专用的电子爆震仪系统进行测量。将试样与已知辛烷值的正标准混合燃料的爆震特性进行比较,调整发动机的压缩比和试样的空燃比使其产生标准的爆震强度,标准爆震强度操作表中的列出了压缩比和辛烷值的对应关系。其测定的方法与研究法辛烷值基本相同。

从测定条件可知:马达法辛烷值表示汽油在发动机重负荷条件下高速运转的抗爆能力,它模拟载货汽车在公路条件下行驶的工况;研究法辛烷值表示汽油发动机在常规加速条件下低速运转时的抗爆能力,它模拟轿车在城市道路条件下行驶的工况。同一种汽油用研究法测定的辛烷值比马达法测定的辛烷值要高 6~10 个单位,这一差值称为汽油的灵敏度,可用来反映汽油抗爆性随运转工况激烈程度的增加而降低的情况,汽油灵敏度越小越好。

由于研究法辛烷值和马达法辛烷值都不能全面反映车辆运行中燃料的抗爆性能,部分国家引用一个称为抗爆指数的指标,它是同一种汽油研究法辛烷值与马达法辛烷值的平均数表示,即:

$$抗爆指数 = (RON + MON)/2$$

抗爆指数也称平均辛烷值,可反映在一般条件下汽油的平均抗爆性能。由于汽油的抗爆性对发动机工作影响很大,人们一直致力于提高汽油辛烷值。提高汽油辛烷值常用的方法是:采用先进的汽油炼制工艺。汽油各种组分的辛烷值有很大区别。一般来说,用常压蒸馏法获得的直馏汽油辛烷值只有 40~55;用热裂化和延迟焦化制取的汽油,辛烷值达 50~65;催化裂化、加氢裂化和催化重整炼出的汽油辛烷值达 85 以上。因此,采用先进的炼油工艺是提高汽油辛烷值的有效途径。

3. 安定性

安定性是指车用汽油在正常储存和使用过程中,保持其性质不发生永久性变化的能力。安定性差的汽油,易发生氧化反应,生成胶状物质与酸性物质,使汽油的酸值增加,颜色变深,辛烷值降低。长期使用安定性差的汽油,产生的胶状物质易使油路、喷油嘴等部位阻塞,由于产生的胶状物质黏附在气门上,使其关闭不严、压缩比降低、燃烧不彻底从而导致积炭增加,使火花塞的间隙减小,引起点火能力下降。

评定汽油安定性的主要指标有实际胶质和诱导期。

(1)实际胶质。实际胶质是指在规定的条件下测得的发动机燃料的蒸发残留物。实际胶质用 100mL 试样中所含毫克数(mg/100mL)表示,它可用来判断汽油在汽油机中生成胶质的倾向,从而决定汽油能否使用和能否继续储存。

(2)诱导期。诱导期是指在规定的加速氧化条件下,汽油处于稳定状态所经历的时间周期,可评定汽油在储存期间产生氧化和形成胶质的倾向。诱导期越长,汽油越不易被氧化,生成胶质的倾向越小,其安定性越好,适宜长期储存。诱导期为把试样置于 68.8kPa,100℃的氧气中,保持压力不下降所经历的时间,要求车用汽油的诱导期不小于 480min。

为提高汽油的安定性,可以采用先进炼制工艺,使易氧化的活泼的烃类及非烃类尽量减少;也可以在汽油中加入抗氧防胶剂和金属钝化剂。

4. 清洁性

车用汽油的清洁性是指车用汽油中是否含有机械杂质和水分。机械杂质会堵塞喷油器和汽油滤清器,会增大发动机的磨损,水分会加大氧化生胶,遇低温时水分还会使燃油系统结冰,影响汽车正常使用。对车用汽油清洁性检测最简单的方式是:将100mL的汽油注入玻璃管中,静置12～18h后,观察玻璃管中的汽油,如果有色透明没有悬浮物和沉淀物,即为合格。

5. 腐蚀性

腐蚀性是指汽油中硫及硫化物、有机酸、水溶性酸、碱等引起腐蚀的物质对汽车零部件产生腐蚀的性质。汽油的腐蚀性指标一般用硫含量、铜片腐蚀试验、水溶性酸或碱、酸度等表示。国家标准规定车用无铅汽油的硫含量不大于0.05%,硫醇硫含量不大于0.001%。

6. 环保性

车用汽油中影响排放的主要指标是铅、硫、烃类、锰等。为降低车用汽油的抗爆性,在汽油中加入四乙基铅,但由于铅对大气污染严重,且对人体有严重危害,绝大多数国家已禁止使用含铅汽油。烯烃挥发到大气中后因发生光化学反应而形成臭氧,加剧空气污染。锰对人体健康有不利的潜在因素,而且在燃烧室、进气阀和火花塞表面、汽车三元催化装置上沉积,缩短进气阀的寿命,影响发动机的正常工作,使排放恶化。

(二)车用汽油的标准和技术要求

车用汽油的技术要求和试验方法见表2-1。

车用汽油(Ⅵ)的技术要求和试验方法[摘自《车用汽油》(GB 17930—2016)] 表2-1

性能	评价指标		车用汽油(ⅥA)质量指标			车用汽油(ⅥB)质量指标			试 验 方 法
			89	92	95	89	92	95	
蒸发性	馏程:								
	10%蒸发温度(℃)	不高于	70			70			GB/T 6536
	50%蒸发温度(℃)	不高于	110			110			
	90%蒸发温度(℃)	不高于	190			190			
	终馏点(℃)	不高于	205			205			
	残余量(体积分数)(%)	不大于	2			2			
	蒸汽压(kPa)								
	11月1日至4月30日	不大于	45—85			45—85			GB/T 8017
	5月1日至10月31日	不大于	40—65			40—65			
抗爆性	研究法辛烷值(RON)	不小于	89	92	95	89	92	95	GB/T 5487
	抗爆指数(RON + MON)/2	不小于	84	87	90	84	87	90	GB/T 503 GB/T 5487

性能	评价指标		车用汽油（VIA）质量指标			车用汽油（VIB）质量指标			试验方法
			89	92	95	89	92	95	
安定性	胶质含量(mg/100mL) 未洗胶质含量　不大于 (加入清洁剂前) 溶剂洗胶质含量		30 5			30 5			GB/T 8019
	诱导期　　　　　不小于		480			480			GB/T 8018
清洁性	机械杂质及水分		无			无			目测
防腐性	硫含量(mg·kg⁻¹)　　不大于		10			150			SH/T 0689
	硫醇(博士试验)		通过			通过			NB/SH/T 0174
	铜片腐蚀(50℃,3h)(级)　不大于		1			1			GB/T 5096
	水溶性或碱		无			无			GB/T 259
环保性	含铅量(g·L⁻¹)　　　不大于		0.005			0.005			GB/T 8020
	苯含量(体积分数)(%)　不大于		0.8			0.8			SH/T 0713
	芳烃含量(体积分数)(%)　不大于		35			35			GB/T 30519
	烯烃含量(体积分数)(%)　不大于		18			15			GB/T 30519
	甲醇含量(体积分数)(%)　不大于		0.3			0.3			NB/SH/T 0663
	锰含量(g·L⁻¹)　　　不大于		0.002			0.002			SH/T 0711
	铁含量(g·L⁻¹)　　　不大于		0.01			0.01			SH/T 0712

(三)车用汽油的选用

1.选用原则

我国车用汽油牌号是按照汽油的抗爆性评定指标——研究法辛烷值大小划分的,牌号越高,其抗爆性越好。

选择汽油时一定要按照汽车使用说明书中发动机的压缩比和汽车生产厂家推荐的汽油牌号来选择相应牌号(即辛烷值)的汽油,这样不仅可以充分发挥发动机的动力性能和经济性能,还有利于延长发动机的使用寿命和降低成本,同时还可以预防或减少发动机在正常运行工作中的"爆燃"现象。

车用汽油牌号的选择应根据发动机压缩比确定。发动机压缩比在每辆车的使用手册上都会标明。压缩比在8.5~9.5的中档轿车一般用93号汽油,压缩比大于9.5的轿车使用97号汽油,国产轿车的压缩比一般在9以上,最好使用93号或97号汽油。

若高压缩比的发动机使用低牌号汽油,会使汽缸温度剧升,汽油燃烧不充分,机体振动强烈,从而输出功率下降,造成机件受损、耗油、行驶无力等故障。若低压缩比的发动机使用高牌号油,就会出现"滞燃"现象,即到压缩上止点还达不到自燃点,同样会出现燃烧不完全现象。

我国现行的国 V 标准汽油有 89、92、95、98 四种牌号,其中 89、92、95 号分别相当于原来的 90、93、97 号,98 号是新增加的。

2.使用注意事项

(1)应尽量采用汽车生产商推荐的汽油牌号。因为造成发动机爆燃的原因除与所使用汽油的抗爆性有关外,还与发动机结构及使用中的多种因素有关。需要更换汽油牌号时要注意,对于传统的发动机,当汽油由低牌号改换为高牌号时,可以把点火提前角适当提前,这样就可以充分发挥汽油的性能;当汽油由高牌号改换为低牌号时,可以把点火提前角适当滞后,以免发生爆燃。

(2)在海拔较高的地区使用汽车时,因空气密度小,压缩终了的汽缸温度和压力都较低,不容易发生爆燃,因此,汽油的辛烷值可相应降低。当汽车从平原驶到高原时,可换低牌号汽油或适当推迟点火提前角,以免发动机过热而影响发动机的动力性。

(3)汽油中不可掺入柴油和煤油,因柴油和煤油的蒸发性较差,加入后会使汽油油品变质。

(4)汽油属于易燃易爆品,有一定毒性,使用时要注意安全。在储存、使用及汽车维修中要注意防火、防爆、防中毒。

(5)在汽车加油时,不能使用手机及其他移动通信工具,在进行自助加油时,应先用手接触加油机上的静电释放金属,避免带静电操作造成危险。

(6)严禁使用塑料桶盛装、存放汽油。使用铁桶装汽油时,不应装太满。

二、车用普通柴油

柴油也是从石油中提炼出来,由氢、碳元素组成的烃类化合物。柴油分为轻柴油和重柴油。轻柴油适用于高速柴油发动机,重柴油适用于中、低速柴油发动机。汽车用柴油发动机属于高速柴油发动机,所用柴油为轻柴油。与汽油发动机相比,柴油发动机的热效率高 25% ~ 40%,且动力性能好,功率大,耐久可靠,清洁性优。因此,国内车用柴油的需求量一直在迅速上升。

(一)普通柴油的使用性能及评价指标

对普通柴油的基本要求是:拥有良好的燃烧性,容易蒸发、喷散。拥有良好的流动性,能保证在任何使用条件下燃料顺利供给;形成良好的混合气,使发动机起动容易,混合气能平稳地燃烧,保证柴油机工作柔和,喷油器不结胶,燃烧室内无积炭;对发动机零件无腐蚀,不含机械杂质和水分,以及对环境的污染减少等。

车用柴油的使用性能有燃烧性、蒸发性、低温流动性、黏度、安定性、腐蚀性、环保性等。

1.燃烧性

燃烧性又叫发火性,指车用柴油在柴油发动机中的自燃能力。车用柴油被高压喷射呈细雾状进入燃烧室,此时燃烧室的温度已超过车用柴油的自燃点,车用柴油即可自行着火燃烧。车用柴油从喷入燃烧室到自行着火燃烧,经历了一个着火延迟期。若着火延迟期短,则着火后汽缸内的压力上升平稳,柴油发动机工作柔和;若着火延迟期长,则会使燃烧室的积油量增多,同时燃烧使汽缸内压力急剧上升,柴油发动机运转不平稳,发出强烈的敲击声,甚至导致零部件损坏,还会使车用柴油燃烧不充分,油耗增加,柴油发动机功率下降,磨损加大等,这种现象称为柴油机工作粗暴。

柴油的发火性是以十六烷值评定的,与汽油辛烷值类似,也是用两种发火性差异很大的燃料作为基准物对比得出的数值:一种为正十六烷,发火性好,其十六烷值为100;另一种为α-甲基萘,发火性差,其十六烷值为0。按不同比例将这两种物质混合在一起,可获得十六烷值0～100的标准燃料。在可变压缩比的标准单缸十六烷值测定柴油机上,将被测燃料与标准燃料进行同期闪火对比试验,若被测燃料与某标准燃料在相同条件下同期闪火,则标准燃料的正十六烷体积百分数,就是被测燃料的十六烷值。柴油发动机的转速越高,燃烧速度越快,对十六烷值要求就越高,一般1000r/min以下的柴油发动机,应使用十六烷值35～40的柴油;1000～1500r/min的柴油发动机,应使用十六烷值40～45的柴油;1500r/min以上的柴油发动机,应使用十六烷值45～60的柴油。

十六烷值越高,柴油发动机就越容易起动。但十六烷值也不宜过高,否则柴油的喷雾、低温流动性和蒸发性等均受到影响,柴油在高温下易裂解成不易燃烧的炭粒,使燃烧不充分,降低发动机功率,增加油耗,排气冒黑烟。

2. 蒸发性

柴油的蒸发性对柴油发动机的正常工作有重要的影响,柴油的蒸发性要比汽油的蒸发性好,但柴油的馏分要比汽油重。蒸发性好,柴油发动机起动性能好,燃烧完全,不易稀释润滑油,油耗低、积炭少,排烟较少。但若蒸发速度过快,燃烧时会积聚大量柴油,使发动机工作不稳定;同时,蒸发性过强,即馏分轻,黏度小,不仅会增大喷油泵磨损,还降低喷雾质量,使燃烧过程恶化。

评定柴油的蒸发性的指标有馏程、闪点。

(1)馏程。柴油馏程测定方法与汽油基本相同,测定项目有50%、90%和95%馏出温度。50%馏出温度低,则轻质馏分多,易于起动。但50%馏出温度过低时,柴油蒸发太快,易引起全部柴油迅速燃烧,汽缸内压力升高剧烈,发动机工作粗暴;90%馏出温度与95%馏出温度越低,柴油中重质馏分含量越低,柴油燃烧更加充分,可提高柴油机的动力性,降低油耗,减小机械磨损。

(2)闪点。闪点指柴油在一定温度条件下加热时,当油料蒸气与周围空气形成的混合气接近火焰时,开始发出闪火时的温度。闪点低的柴油蒸发性好,但闪点太低会使柴油机工作粗暴,同时储运及使用中的安全性下降。

柴油的闪点主要用来控制柴油挥发性的上限,下限是由馏程控制。为控制柴油的挥发性不致过强,国家标准规定了各号轻柴油的闭口闪点的最低数值。

3. 低温流动性

低温流动性是指油品在一定温度下,维持正常流动,顺利输送的能力。随着温度的降低,柴油的黏度会变大。柴油在低温下失去流动性,就会妨碍柴油发动机燃油供给系统给柴油发动机供油,使供油量减少或中断,导致柴油发动机不能正常工作甚至熄火。所以要求柴油应具有良好的低温流动性。

柴油在低温下流动性变差的原因是组成轻柴油的烃类中有一部分是石蜡,低温下石蜡会以结晶形式析出,随着温度的进一步降低,形成结晶网络。结晶网络的产生,使柴油的流动阻力增加,流动性变差,堵塞柴油滤清器,使柴油不能供往喷油器。

柴油的低温流动性,不仅影响柴油发动机的正常使用,还影响其在低温下的储存、运输等作业的正常进行。为改善柴油的低温流动性,通常在柴油中加入流动性能改进剂(又称降凝添加剂)。流动性能改进剂可与柴油中析出的石蜡发生共晶、吸附,有抑制石蜡结晶生长的作用,改善柴油的低温流动性能。

评定柴油低温流动性的指标有凝点、浊点和冷滤点。

(1)凝点。又称凝固点,是把柴油装在倾斜45°的试管内,将其冷却到经1min液面不流动时的最高温度,此时的温度便是柴油的凝点。凝点越低的柴油,在柴油发动机燃料供给系统中供油性能就越好。若使用凝点过高的柴油,停车后再起动困难。

我国的轻柴油按凝点划分牌号。

(2)浊点。在规定条件下,将柴油冷却到其开始析出石蜡晶体、柴油变浑浊失去透明时的最高温度。柴油达到浊点后虽可流动,但易造成油路堵塞而造成供油故障。

(3)冷滤点。指在规定条件下,1min内通过过滤器的柴油不足20mL的最高温度。一般冷滤点要高于凝点4~6℃,比浊点略低。

冷滤点与柴油实际使用的最低温度有较好的对应关系,可作为根据气温选用轻柴油的依据。我国采用凝点和冷滤点评价柴油低温流动性,日本采用凝点,美国采用浊点,欧洲国家采用冷滤点。

4. 黏度

黏度是评价柴油流动性的指标。黏度指液体在外力作用下发生移动时,在液体分子间所呈现的内部摩擦力。黏度小的油品流动性能好,黏度大的油品流动性能差。油品的黏度会随着温度的变化而变化,称为油的黏温性能。一般是温度升高黏度变小,温度降低黏度变大。表示油品的黏度时必须标明温度,不标明温度的黏度是没有意义的。

轻柴油规格中规定测定20℃的运动黏度。运动黏度影响柴油的流动性和雾化质量。黏度小,柴油的流动性就好,喷出油束射程远,喷雾锥角大,油滴直径小,雾化质量好。黏度不宜过小,若黏度过小,喷射时,因油粒细小,射程短,不能很好地与空气均匀混合,致燃烧不完全,排气冒黑烟。黏度过大,流动性变差,影响供油量,喷入汽缸内的油粒较大,不易与空气均匀混合,影响雾化,造成燃烧不完全,燃油消耗量增加。

5. 腐蚀性

柴油的腐蚀性是指柴油对与其接触的金属、塑料、橡胶等制品所具有的溶胀及侵蚀作用。柴油中主要的腐蚀性物质是硫化物、酸、碱等。其中,硫和硫醇硫对柴油机的影响最大,它们燃烧后都会生成二氧化硫和三氧化硫等酸性有害物质,与水蒸气作用生成亚硫酸和硫酸,在汽缸内壁形成一层酸性薄膜,腐蚀发动机零部件。若硫化物燃烧不充分会造成发动机内部产生大量积炭,加大汽缸的磨损,燃烧生成的二氧化硫和三氧化硫气体排入大气还会造成空气污染,危害人类健康。

柴油机的腐蚀性评价指标主要包括硫含量、酸度、铜片腐蚀等。国家标准强制性规定柴油中硫含量不得大于0.2%,硫醇硫含量不得大于0.01%。

6. 安定性

柴油的安定性是指在储存、运输和使用过程中保持外观颜色、组成和性能不变的能力。

安定性包括储存安定性和热安定性。热安定性是指柴油在柴油机的高温条件下,以及溶解氧的作用下,发生变质的倾向。

安定性差的柴油在一段时间后其颜色和性能都会发生明显的变化,油中的实际胶质明显增多。使用安定性不好的柴油会使发动机积炭增多。

影响柴油安定性的主要因素是柴油中的化学成分,其次是外部环境的影响。柴油的安定性用色度、氧化安定性、10%蒸余物残炭3个指标来评价。

(1)色度。即油品颜色的深浅,用色号表示。色度可直观反映柴油安定性的好坏。色度的测定按《石油产品颜色测定法》(GB/T 6540—1986)的规定进行。

(2)氧化安定性。是指100mL柴油按规定条件下氧化后所测得的总不溶解物的毫克数,用mg/100mL表示。

(3)10%蒸余物残炭。是指对柴油馏程试验中馏出90%后的蒸余物做试验,经强烈加热一定时间致其裂变后,所形成的残留物。残炭值为残留物质量与原试样质量之比。

7.清洁性

柴油的清洁性用灰分、机械杂质、水分等指标评定。灰分是指油品在规定条件下燃烧后,所剩的不能燃烧的无机物,用质量分数表示。灰分首先来源于油品精制时酸碱洗涤后,腐蚀设备生成的金属氧化物,其次为蒸馏没除去的可溶性无机盐和有机盐(环烷酸盐)。灰分是不能燃烧的矿物质,呈颗粒状,非常坚硬,在发动机运转中产生磨料磨损,是造成汽缸壁与活塞环磨损的主要原因之一。灰分过高,会在高压油泵喷嘴形成积炭,造成喷油不畅。机械杂质会使柴油发动机中的精密零件卡死、喷油孔堵塞而影响供油。水分会降低柴油发热量,且低温下结冰易堵塞油路。

(二)普通柴油的规格和技术要求

车用柴油的技术要求和试验方法见表2-2。

车用柴油技术要求和试验方法   表2-2

性能	评价指标	5 号	0 号	−10 号	−20 号	−35 号	−50 号	试验方法
蒸发性	馏程 50%回收温度(℃) 不高于				300			GB/T 261
	90%回收温度(℃) 不高于				355			
	95%回收温度(℃) 不高于				365			
	闭口(闭口)(℃) 不低于	55		50		45		GB/T 386
着火性	十六烷值(Ⅲ、Ⅳ) 不小于	49		46		45		GB/T 386
	十六烷值(Ⅴ) 不小于	51		49		47		
安定性	总不溶物[mg·(100mL)⁻¹] 不小于				2.5			SH/T 0175
	10%蒸余物残炭(质量分数)(%) 不大于				0.3			GB/T 268
流动性	运动黏度(20℃)(mm²·g⁻¹)	3.0~8.0		2.5~8.0		1.8~7.0		GB/T 265
	凝点(℃) 不高于	5	0	−10	−20	−35	−50	GB/T 510
	冷凝点 不高于	8	4	−5	14	−29	−44	SH/T 0248

续上表

性能	评价指标	5 号	0 号	-10 号	-20 号	-35 号	-50 号	试验方法
防腐性	硫含量(mg·kg⁻¹)(Ⅲ) 不大于			350(Ⅲ)、50(Ⅳ)、10(Ⅴ)				SH/T 0689
	酸度(以 KOH 计)(mg/100mL)			7				GB/T 258
	钢片腐蚀(50℃,3h)(级) 不大于			1				GB/T 5096
清洁性	机械杂质			无				GB/T 511
	水分(体积分数)(%)			痕迹				GB/T 260
	灰分(体积分数)(%)			0.01				GB/T 508
润滑性	校正磨痕直径(60)(μm) 不大于			460				SH/T 0765
环保性	多环芳烃含量(质量分数)(%) 不大于			11				SH/T 0606

(三)车用柴油的选用

1.选用原则

我国柴油牌号按照凝点进行划分。车用柴油机的牌号有 6 种,分别为 5 号、0 号、-10 号、-20 号、-35 号和 -50 号。

车用柴油的选用要根据地区和季节的温度来进行,并比最低气温低 5~7℃。当地区温度较低时,选用低牌号的车用柴油;当地区温度较高时,选用高牌号的车用柴油。因为低牌号柴油比高牌号柴油价格高,故在气候温度允许的条件下,尽量选用高牌号的车用柴油,可降低成本。各牌号柴油的适用地区见表2-3。

各牌号柴油的适用地区　　　　　　　　　　　　　　　　表 2-3

柴油牌号	适用地区季节	适用最低气温(℃)
5	全国各地6~8月和长江以南地区4~9月	8
0	全国各地4~9月和长江以南地区冬季	3
-10	长城以南地区冬季和严寒季节	-7
-20	长城以北地区冬季和长城以南、黄河以北地区严冬季节	-17
-35	东北和西北地区寒区严冬季节	-32
-50	东北的漠河(黑龙江北部)和新疆的阿尔泰地区严冬季节	-45

2.柴油使用注意事项

(1)为保证柴油的清洁,柴油加入油箱前要沉淀不少于48h,在向油箱内加注柴油时,要在油箱口用滤网过滤,以除去杂质。

(2)不同牌号的柴油可以掺兑使用,根据气温情况酌情适当调配。混合后的柴油凝点不能按比例计算,一般较比例值高 2℃左右。例如用 0 号柴油与 -20 号柴油各以 50% 混合,混

合后柴油的凝点为 -12℃ 左右。但严禁柴油与汽油混合使用,因汽油的发火性差,若混用,则会造成柴油发动机起动困难,甚至不能起动。

(3)在寒冷地区,若缺乏低凝点柴油时,可以向高凝点柴油中掺入 10% ~40% 的裂化煤油,混合均匀,可以降低凝点。也可以采用适当的预热措施提高发动机温度。

(4)当燃油报警灯亮时,就要及时加油。因油箱底部含有较多的水分和杂质,会影响发动机的正常工作,容易造成输油泵、喷油泵的磨损而降低它们的使用寿命,也容易造成油路堵塞。

三、车用替代燃料

据统计,全世界的石油产品约 46% 为汽车所消耗。根据有关资料预测,石油资源只能供给全世界使用到 2050 年左右。而且,随着汽车拥有量的急剧增加,对环境造成的污染日益严重。所以,采用替代燃料代替汽油、柴油已迫在眉睫。

车用替代燃料的选择标准有:热值高,能量大,续驶里程长,保证有足够的载质量;安全、无毒,对空气的污染少;经济实惠,来源广,易制造;携带、储存和使用方便等。

(一)车用燃料的必备条件

(1)热值高,能量密度大,体积、质量适中。汽车携带的燃料能满足汽车空间的要求,同时满足续驶里程的要求。

(2)安全性能高,无毒或低毒,对环境污染小。能充分燃烧,不挥发,燃烧后产生的物质对环境污染或污染小。

(3)来源广泛,成本低。由于汽车的保有量不断增加,新能源必须来源广泛、价格便宜才能满足汽车数量的增加和大众的需求。

(4)便于储存和运输,使用方便,不影响发动机的性能。

(5)汽车新能源最好能与现代汽车的供给系统兼容,如有改进,尽量改进一些简单的装置,方便大众接受并使用。

(二)现代汽车替代燃料

现代汽车替代燃料是指除车用汽油、车用柴油之外的所有其他能源,包括燃气、电能、醇类燃料、氢燃料、太阳能、生物燃料等。

1.燃气

汽车用燃气主要包括天然气和液化石油气。

天然气的主要成分是甲烷,其辛烷值高、经济性好、安全性好、排气污染小。通常汽车使用的天然气是压缩天然气(CNG)。压缩天然气是指压缩到 20.7 ~24.8MPa 的天然气,被储存在车载高压气瓶中。压缩天然气(CNG)是一种无色、透明、无味、高热量、比空气轻的气体。由于 CNG 组分简单,易于完全燃烧,加上燃料含碳少,抗爆性好,不稀释润滑油,能够延长发动机的使用寿命,且加工成本相对较低。CNG 汽车最大的缺点是高压钢瓶过重,体积大且储气量小,占去了汽车较多的有效重量,限制了汽车携带燃料的体积,导致汽车连续行驶里程短。另外,因钢瓶的存储压力高,也具有一定的危险性。

液化天然气(LNG)是天然气在常压下冷却至 -162℃ 后液化形成的,其燃点为 650℃,爆炸极限为 5%~15%,安全性较高。液化天然气汽车的储气罐可以明显地压缩天然气体积,一次充气,可以行驶 500km,甚至 1000km 以上,非常适合长途运输使用。与 CNG 汽车相比,LNG 汽车在安全、环保、整车轻量化、整车续驶里程方面都具有优势。但 LNG 的液化条件苛刻,在汽车上难以应用。

液化石油气(LPG)是来源于石油开采过程中的石油气,以及炼油厂加工过程中的炼油气,它比天然气易液化。液化石油气是一种在常温常压下为气态的烃类混合物,比空气重,有较高的辛烷值,具有混合均匀、燃烧充分、不积炭、不稀释润滑油等优点,能够延长发动机的使用寿命,而且一次载气量大,行驶里程长。

随着人们环保意识的不断增强,以及天然气资源的不断开发利用,再加上越来越严格的汽车排放法规,燃气与汽油双燃料供给绿色环保汽车应运而生。双燃料汽车具有两套燃料供给系统:一套供给天然气或液化石油气,另一套供给其他燃料。两套燃料供给系统按预定的配比向燃烧室供给燃料。在汽缸内混合燃烧的汽车,有柴油—压缩天然气双燃料汽车,柴油—液化石油气双燃料汽车等。采用双燃料,可节约大量运行成本,几乎不需要对发动机做修改,不会减弱输出功率。

2. 电能

电能具有来源广泛,对环境没有污染,噪声较小等优点。电能可以来源于风能、水能、核能和太阳能。用电能驱动的汽车具有工作时对环境无污染、噪声小、操作和使用方便等突出优点。目前影响电动汽车发展的主要问题是蓄电池,如蓄电池充电时间长、续驶里程短、需要较多的充电站、蓄电池对环境有污染等。要想实现电动汽车通用化,就必须研究一种大容量、循环次数多、使用价格便宜、适合大众使用的全能蓄电池。电动汽车用蓄电池主要有铅酸蓄电池、镉镍蓄电池、镍氢蓄电池、锂电蓄电池等。

3. 醇类燃料

醇类燃料是指甲醇和乙醇。甲醇自燃点为 464℃,热值比汽油低,辛烷值较高,可单独作为汽车燃料使用,也可与汽油混用。乙醇俗称酒精,自燃点为 423℃,易燃烧、易挥发,热值比汽油低,辛烷值较高。与汽油相比,醇类燃料具有较高的输出效率,燃料耗量较低,由于燃烧充分,有害气体排放较少,属于清洁能源。醇类燃料的特点是来源广泛、价格较低,甲醇与乙醇均可由植物发酵得到,甲醇还可以从天然气和煤中制取。醇类燃料热值较低,配制成的混合气雾化不良,发动机起动困难;冰点低,使用安全;燃烧速度快,排气污染小;与油气混合易分层,对发动机腐蚀作用大,发动机磨损较严重。

醇类燃料推广的主要困难是:甲醇产量较低,成本稍高;甲醇有毒,公众不易接受;发动机冷起动困难,具有较强腐蚀性等。随着技术的进步,醇类燃料将有很大的发展使用空间。

4. 氢燃料

氢的燃烧产物是水和少量氮氧化合物,对空气污染很少。氢气可以从电解水、煤的汽化中大量制取,而且不需要对汽车发动机进行大的改装,因此,氢能汽车具有广阔的应用前景。

推广氢能汽车还需解决两个技术问题:一是制取氢气成本较高,传统的电解水制氢气方法价格昂贵,且耗费其他资源,无法推广;二是氢气的安全储运问题。

5.太阳能

太阳能是取之不尽的资源,是目前所有新能源中最经济的能源。通过太阳能电池板可直接利用太阳能来驱动汽车。但目前开发的太阳能电池效率低、体积大、成本高,加之受天气影响大等缺点,使太阳能汽车短期内难有实用价值。

6.生物燃料

生物燃料是指从农作物或动物的脂肪中提取的可再生燃料。目前,已投入使用的植物油型燃料有:菜籽油、棕榈油、棉籽油、豆油等。将植物油和动物脂肪与酒精反应,脱去甘油三酸酯转变成甲酯或乙基酯之后就可以在柴油机上使用,这种物质称为生物柴油。生物柴油燃烧速度快,可减少碳氧化合物、氮氧化合物及微粒的排放。

技能实训

(一)汽油质量的直观鉴别

1.准备工作

(1)场地设施:工作台、灭火器。

(2)设备设施:优质汽油与劣质汽油各一瓶。

2.实训过程

实训中主要是对汽油进行直观的辨别,实训过程如下。

(1)观察优质汽油、劣质汽油的颜色。标准的 95 号汽油颜色为翠绿色,而标准的 92 号汽油颜色为浅淡黄色或浅黄红色,含铅汽油则为红色,如果汽油颜色太浅,甚至发白,则可能是伪劣产品。

(2)闻优质汽油、劣质汽油的气味。加有 MTBE(甲基叔丁基醚)的汽油会有一股酸味,如果适当少量加入可以提高汽油的辛烷值,但如果超过 15%,氧的含量就会超标。

(3)取出少许汽油放在手上,如果将汽油少许放在手上很快就蒸发掉,则说明汽油蒸发性好,如果很长时间还没有蒸发掉则说明汽油与柴油或润滑油在储存或使用中混合。

(4)实训完后,对工作台进行清洁,并对油品妥善保存。

(二)柴油质量的直观鉴别

1.准备工作

(1)场地设施:工作台、灭火器。

(2)设备设施:优质柴油与劣质柴油各一瓶。

2.实训过程

(1)看优质柴油、劣质柴油的颜色。优质柴油的颜色一般为淡黄色或黄色,且清澈、透明。劣质柴油浑浊或呈黑色、无色。

(2)闻优质柴油、劣质柴油的气味。优质的柴油,有油腻味或刺激性气味,劣质柴油就没有这种气味,甚至有臭味。

(3)实训完后,对工作台进行清洁,并对油品妥善保存。

(三)汽油、柴油的对比

1. 准备工作

(1)场地设施:工作台、灭火器。

(2)设备设施:汽油、柴油各一瓶。

2. 实训过程

(1)观察汽油、柴油的颜色。汽油的颜色要比柴油的颜色深一些。

(2)闻汽油、柴油的气味。汽油的挥发性很强,气味很刺鼻,很远就能闻得到,而柴油挥发性少。

(3)取出少许汽油放在手上,汽油将很快蒸发,而柴油将很难蒸发。

(4)实训完后,对工作台进行清洁,并对油品妥善保存。

模块小结

(1)汽油是从石油中提炼的,主要由碳、氢元素组成的碳氢化合物,碳约占85%,氢约占15%。汽油的密度一般为0.70~0.78g/cm³,有特殊的汽油芳香气味,是一种密度小且易于挥发的液体燃料,自燃点为415~530℃。

(2)车用汽油的使用性能主要包括:蒸发性(挥发性)、抗爆性、安定性(稳定性)、腐蚀性和清洁性等。

(3)汽油的蒸发性又称挥发性。评价汽油蒸发性的常用指标有馏程和饱和蒸气压。

(4)汽油的抗爆性用辛烷值评定。测定的方法有研究法(RON)和马达法(MON)两种。

(5)汽油的抗爆指数,又称平均辛烷值,指同一种汽油研究法辛烷值与马达法辛烷值的平均数,可反映在一般条件下汽油的平均抗爆性能,即:

$$抗爆指数 = (RON + MON)/2$$

(6)汽油的安定性是汽油保持其性质不发生永久性变化的能力。评定汽油安定性的主要指标有实际胶质和诱导期。

(7)汽油的清洁性是指车用汽油中是否含有机械杂质和水分。

(8)汽油牌号是按照汽油的抗爆性评定指标——研究法辛烷值大小划分的,牌号越高,其抗爆性越好。汽油牌号的选择应根据发动机压缩比确定。

(9)高压缩比的发动机如果使用低牌号汽油,会使汽缸温度剧升,汽油燃烧不充分,发动机振动强烈,从而输出功率下降,造成机件受损、耗油量大、行驶无力等故障。若低压缩比的发动机使用高牌号汽油,就会出现"滞燃"现象,即到压缩上止点附近还不能完全燃烧,同样会出现燃烧不完全现象。

(10)普通柴油的基本要求是:拥有良好的燃烧性,容易蒸发、喷散。

(11)车用柴油的使用性能有燃烧性、蒸发性、低温流动性、黏度、安定性、腐蚀性、环保性等。

(12)柴油的燃烧性又称发火性,指车用柴油在柴油发动机中的自燃能力。柴油的发火性是以十六烷值评定的。

（13）评定柴油的蒸发性的指标有馏程、闪点。

（14）柴油的低温流动性指油品在一定温度下,维持正常流动,顺利输送的能力。评定柴油低温流动性的指标有凝点、浊点和冷滤点。

（15）柴油的安定性是指在储存、运输和使用过程中保持外观颜色、组成和性能不变的能力。影响柴油安定性的主要因素是柴油中的化学成分,其次是外部环境的影响。柴油的安定性用色度、氧化安定性、10%蒸余物残炭3个指标来评价。

（16）柴油牌号按照凝点进行划分。车用柴油的选用要根据地区和季节的温度来进行,并比最低气温低5～7℃。

（17）车用替代燃料的必备条件:热值高,能量密度大,体积质量适中;安全性能高,无毒或低毒,对环境污染小;来源广泛,成本低;便于储存和运输,使用方便。

（18）现代汽车替代燃料是指除车用汽油、车用柴油之外的所有其他能源,包括燃气、电能、醇类燃料、氢燃料、太阳能、生物燃料等。

思考与练习

（一）单项选择题

1. 评定汽油抗爆性能的指标是（　　　）。
   A. 十六烷值　　　　B. 辛烷值　　　　C. 压缩比

2. 提高汽油辛烷值的方法是（　　　）。
   A. 加降凝剂　　　　B. 脱蜡　　　　C. 改善炼制工艺

3. 汽油的牌号是依据（　　　）来确定的。
   A. 实际胶质　　　B. 馏程　　　　C. 压缩比　　　　D. 辛烷值

4. 汽油的牌号是依据（　　　）来确定的。
   A. 实际胶质　　　B. 馏程　　　　C. 压缩比　　　　D. 辛烷值

5. 对柴油的十六烷值要求（　　　）。
   A. 越高越好　　　B. 越低越好　　　C. 适宜（十六烷值40～60）

6. 柴油的低温流动性用（　　　）来评定。
   A. 黏度　　　　B. 凝点　　　　C. 闪点　　　　D. 水分

（二）判断题

1. 燃料通常指能够通过燃烧将自身储存的化学能转化为热能的物质。　　　　（　　）

2. 汽油是汽油发动机的主要燃料,有特殊的汽油芳香气味,是一种密度小且易于挥发的液体燃料。　　　　（　　）

3. 车用汽油的沸点范围为20～265℃。　　　　（　　）

4. 评价汽油蒸发性的常用指标只有馏程一个。　　　　（　　）

5. 车用汽油在燃烧室的正常燃烧是指:车用汽油和空气的混合气在燃烧室中被火花塞发火点燃后,火焰应均衡稳定地传播到整个燃烧室,直至燃烧结束。　　　　（　　）

6. 辛烷值是代表点燃式发动机燃料抗爆性的一个约定数值。　　　　（　　）

7. 安定性差的汽油,不易发生氧化反应,会成胶状物质与酸性物质,汽油的酸值增加,颜色变深,辛烷值增高。　　　　（　　）

8.车用汽油的清洁性是指车用汽油中是否含有机械杂质和水分。　　　　（　　）

9.高压缩比的发动机如果选用低牌号汽油,会使汽缸温度剧升,汽油燃烧不充分,机器振动强烈,从而输出功率下降,机件受损,耗油,行驶无力。　　　　（　　）

10.低压缩比的发动机要用高牌号汽油,就不会出现"滞燃"现象,活塞到达上止点它还不能完全燃烧,同样会出现燃烧不完全现象。　　　　（　　）

11.因为低牌号柴油比高牌号柴油价格高,故在气候温度允许的条件下,尽量选用高牌号的车用柴油,可降低成本。　　　　（　　）

12.不同牌号的柴油不可以掺兑使用。　　　　（　　）

13.在严寒的冬季,柴油发动机如果不能起动,要另用起动燃料帮助起动。但严禁向柴油中加入汽油,若是那样的话,发动机更不好起动。　　　　（　　）

14.压缩天然气其主要成分是甲烷。是一种无色、透明、无味、高热量,比空气重的气体。
　　　　（　　）

(三)简答题

1.什么叫饱和蒸气压? 它主要是用来评定什么?

2.如何选着高低的汽油牌号,若选错后有什么不良反应?

3.简述柴油的使用注意事项。

4.车用还有哪些替代燃料? 车用替代燃料应具备什么样的条件?

模块三　发动机润滑油

在发动机上活塞、活塞环、汽缸壁、主轴瓦和主轴颈之间、连杆瓦和连杆轴颈之间、凸轮轴颈、凸轮和挺杆间有相互运动和摩擦，这些摩擦副如果得不到良好的润滑，会造成金属间的干摩擦，产生大量的摩擦热使机件出现异常磨损和擦伤，因此，要防止发动机早期磨损，就必须保证发动机得到良好润滑。润滑油是发动机工作的重要介质，发动机上使用的润滑油又简称机油。

一、发动机润滑油的组成

发动机润滑油是由基础油和添加剂两部分组成。基础油是润滑油的主要成分，决定润滑油的基本性质，基础油有矿物基础油和合成基础油两类，目前95%以上使用的是矿物基础油。矿物基础油是在原油提炼过程中，分离出有用的轻馏分之后，利用残留在分流塔内的塔底油提炼而成的；合成基础油是将原油中的瓦斯气或天然气中的乙烯、丙烯，经聚合、催化等繁杂的化学反应炼制而成。不论是矿物基础油还是合成基础油都加入了各种添加剂，以改善润滑油某些物理、化学性能或赋予润滑油某些必需的性能。添加剂的主要种类有清净剂、分散剂、抗氧抗腐剂、极压抗磨剂、油性剂、摩擦改进剂、黏度指数改进剂、防锈剂、降凝剂、抗泡剂等。

二、发动机润滑油的作用

1. 润滑作用

发动机润滑油可使发动机内部运动零件表面之间的干摩擦变为液体摩擦，活塞和汽缸之间、主轴和轴瓦之间均存在着快速的相对滑动,在两个滑动表面间建立油膜。足够厚度的油膜将相对滑动的零件表面隔开,从而减少摩擦、磨损,降低摩擦功率损失。

2.冷却作用

润滑油流经摩擦表面,带走摩擦产生的热量,通过油液循环流动将热量带回机油箱再散发至空气中帮助水箱冷却发动机,零件温度不致过高,从而维持零件正常工作温度。

3.清洁洗涤作用

通过润滑油的循环流动冲洗零件表面,冲洗发动机零件工作面上的碳化物、油泥、磨损金属颗粒,并通过循环流动带回机油箱。

4.密封防漏作用

利用润滑油的黏性,使其附着在相互运动零件的表面上形成油膜,减少气体的泄漏,防止外界的污染物进入,起到密封作用。

5.防锈防蚀

附着在零件表面上的机油避免了零件与水、空气、酸性物质及有害气体直接接触,起到防止或减轻零件锈蚀和化学腐蚀的作用。

6.减振缓冲

当发动机汽缸内压力急剧上升,突然加载会使活塞、活塞销、连杆和曲轴轴承上的负荷很大,润滑油膜可吸收部分冲击能量,缓和配合件间的相互冲击。

三、发动机润滑油使用性能

1.润滑性

润滑性是指在各种条件下,发动机润滑油均能降低摩擦、减小磨损和防止金属烧结的能力。润滑油润滑性的评价指标是润滑油的黏度,黏度是发动机润滑油的重要指标,也是发动机润滑油分类和使用的主要依据。

润滑油的黏度和化学性质对发动机零件在不同润滑状态下的润滑作用有重要影响。润滑状态有液体润滑状态和边界润滑状态,在液体润滑状态,黏度是形成液体润滑的基本条件,黏度既不能太高也不能过低,黏度过低不易在摩擦副表面形成足够厚的润滑油膜,导致发动机内的各个部件不能得到正常的润滑。当润滑油膜厚度小于运动副表面粗糙度时,润滑状态成为边界润滑。同时润滑油的黏度不能太高,黏度太高会导致消耗在摩擦副之间的功率增大,如曲轴的旋转阻力矩增大导致发动机起动困难,同时黏度太高导致润滑油流动性变差,润滑油循环速度减慢,从而降低润滑油的冷却和润滑作用。我国发动机润滑油的黏度采用动力黏度和运动黏度进行评价。

2.低温操作性

低温操作性是指润滑油保证发动机在低温条件下容易起动和可靠供油的性能。润滑油黏度随气温降低而增加,使发动机低温起动时转动曲轴的阻力矩增加,曲轴转速下降,从而导致发动机起动困难。同时润滑油的流动性随气温降低而降低,流动困难,供油不足,导致摩擦副磨损严重。

目前低温操作性的评价指标有三个:表观黏度、边界泵送温度、倾点。

润滑油在低温状态下为非牛顿流体,其黏度为低温动力黏度,又称为表观黏度,表观黏度是划分冬季用发动机机油黏度级别的依据之一。目前测定时按《发动机表观黏度的测定 冷起动模拟法》(GB/T 6538—2010)的规定进行。

边界泵送温度是指在低温条件下能将发动机润滑油连续充分地供给发动机机油泵入口的最低温度,目前测定时按《发动机油边界泵送温度测定法》(GB 9171—1988)的规定进行,边界泵送温度也是划分冬季用发动机油黏度级别的依据之一。

倾点是指在规定的条件下冷却,发动机油能流动的最低温度。目前倾点按《石油产品倾点测定法》(GB/T 3535—2006)的规定进行测定。

3. 黏温性

黏温性是指润滑油的黏度随发动机工作温度的变化而改变的性能。温度升高黏度降低,温度降低黏度升高。在润滑油使用过程中,要求润滑油具有良好的黏温性,在高温条件下能保持一定的黏度,以形成足够厚的油膜,确保润滑效果;在低温条件下黏度不至于降低太大,以维持一定的流动性,使发动机在低温条件下容易起动,并降低零部件的磨损。

润滑油黏温性评价指标是黏度指数,目前按《石油产品粘度指数计算法》(GB/T 1995—1998)或《石油产品粘度指数计算法表》(GB/T 2541—1981)计算。

4. 清净分散性

清净分散性是指润滑油抑制积炭、漆膜和油泥生成或将这些沉淀物清除的能力。发动机在使用过程中受到废气、燃气、高温和金属的催化作用,生成各种氧化物,它们与金属磨屑等机械杂质混合在一起,在润滑油中形成胶状沉淀物附着在活塞、活塞环槽上形成积炭和漆膜,或沉淀下来形成油泥堵塞油孔,从而导致发动机散热不良,内部零部件磨损加剧。因此,在润滑油中加入清净剂和分散剂,可使润滑油具有良好的清净分散性,可使这些氧化物浮在润滑油中。

清净分散性的评价指标是硫酸盐灰分,测定按《添加剂和含添加剂润滑油硫酸盐灰分测定法》(GB/T 2433—2001)的规定进行。

5. 抗氧化性

抗氧化性是指润滑油抵抗空气中氧气作用而保持其物理化学性质不发生改变的能力。润滑油在使用和储存过程中,与空气中的氧气接触会发生氧化反应而生成一些新的氧化物,这些氧化物聚集在油中从而使油的外观和性质发生变化,如颜色变深、黏度增加、酸性增大、析出沉淀物等。目前在润滑油中加入抗氧化剂,可以延缓润滑油的氧化过程。润滑油的抗氧化性可通过发动机试验来评定。

6. 抗腐性

抗腐性是指润滑油抵抗腐蚀性物质对金属腐蚀的能力。润滑油在使用过程中氧化而生成各种有机酸,这些有机酸在高温、高压和水分的条件下对金属产生腐蚀作用。提高润滑油的抗腐性一是提高发动机润滑油的精制程度,减小酸值;二是添加防腐剂。

7. 抗泡性

抗泡性是指润滑油消除泡沫的性质。润滑油在使用过程中因受到激烈搅动,将空气混入油中时会产生泡沫,如果泡沫不及时消除,会产生气阻、供油不足等现象,因此在发动机润滑油中加入抗泡剂。发动机机油抗泡沫性能的评定指标是泡沫性,测定时按《润滑油泡沫特性测定法》(GB/T 12579—2002)的规定进行。

四、发动机润滑油的分类和规格

(一)发动机润滑油的分类

1. 润滑油按使用性能分类

API 使用性能分类法,是美国石油协会提出来的机油分类办法,它是按照发动机性能强化程度和工作条件的苛刻程度划分,将汽油机油定为 S 系列,分为 SA、SB、SC、SD、SE、SF、SG、SH、SJ;柴油机油定为 C 系列 CA、CB、CC、CD、CE、CF、CG。现行的 API 汽油机油、柴油机油分类见表3-1。

发动机机油按使用性能分类 表3-1

应用范围	品种代号	特性和使用场合
汽油机油	SC	用于货车、客车和某些轿车的汽油机以及要求使用 API SG 级油的汽油机。此种油品控制汽油机高低温沉积物、磨损、锈蚀和腐蚀
	SD	用于货车、客车和某些轿车的汽油机以及要求使用 API SD、SC 级油的汽油机。此种油品控制汽油机高低温沉积物、磨损、锈蚀、腐蚀的性能优于 SC,并可替代 SC
	SE	用于轿车和某些货车的汽油机以及要求使用 API SE、SD 级油的汽油机。此种油品的抗氧化性能及控制汽油机高低温沉积物、磨损、锈蚀和腐蚀的性能优于 SD 或 SC,并可替代 SD 或 SC
	SF	用于轿车和某些货车的汽油机以及要求使用 API SF、SE 级油的汽油机。此种油品的抗氧化和抗磨损性能优于 SE,还具有控制汽油机高低温沉积物、磨损、锈蚀和腐蚀的性能,并可替代 SE、SD 或 SC
	SG	用于轿车、货车和轻型卡车的汽油机以及要求使用 API SG 级油的汽油机。SG 质量还包括 CC 或 CD 的使用性能。此种油品改进了 SF 级油控制汽油机高低温沉积物、磨损和油的氧化性能,同时还具有抗锈蚀和腐蚀的性能,并可替代 SF、SF/CD、SE 或 SE/CC
	SH	用于轿车和轻型卡车的汽油机以及要求使用 API SH 级油的汽油机。SH 级油在汽油机磨损、锈蚀、腐蚀及沉淀物的控制和油的氧化方面优于 SG,并可代替 SG
柴油机油	CC	用于中重负荷下运行的非增压、低增压或增压式柴油机,并包括一些重负荷汽油机。对于柴油机,具有控制高温沉积物和轴瓦腐蚀的性能;对于汽油机,具有控制锈蚀、腐蚀和高温沉淀物的性能
	CD	用于需要高效控制磨损及沉积物或使用包括高硫燃料非增压、低增压及增压式柴油机以及国外要求使用 API CD 级油的柴油机。具有控制轴承腐蚀和高温沉积物的性能,并可代替 CC 级油
	CD-2	用于要求高效控制磨损和沉积物的重负荷二冲程柴油机以及要求使用 API CD-2 级油的发动机,同时也满足 CD 级油的性能要求
	CE	用于在低速高负荷和高速高负荷条件下运行的低增压和增压式重负荷柴油机,以及要求使用 API CE 级油的发动机,同时也满足 CD 级油的性能要求
	CF-4	用于高速四冲程柴油机以及要求使用 API CF-4 级油的柴油机。在油耗和活塞沉积物控制方面性能优于 CE,并可代替 CE。此种油品特别适用于高速公路行驶的重负荷卡车

2. 润滑油按黏度进行分类

SAE黏度分类法,是美国汽车工程师学会提出来的机油分类法,它是按机油的黏度进行分类的。根据《发动机油黏度分类》(SAEJ 300—1987)标准,采用含字母W和不含字母W两组黏度系列,含W字母黏度系列以最大低温黏度、最高边界泵送温度以及100℃时的最小运动黏度划分;不含字母黏度仅以100℃时的运动黏度划分。黏度等级以0W、5W、10W、15W、20W、25W共6个含W的低温黏度级号和20、30、40、50、60共5个不含W的100℃运动黏度级号表示。按SAE黏度分类,发动机油有单黏度级和多黏度级(稠化机油)之分,单黏度级润滑油是指只能满足低温或高温一种黏度级要求的润滑油,多黏度级润滑油既满足低温时的黏度要求,又能满足高温时的黏度要求,由低温黏度级号和高温黏度级号组合来表示,如15W/40。发动机润滑油按黏度分类见表3-2。

发动机润滑油按黏度分类 表3-2

黏度等级	低温黏度		最高边界泵送温度 (℃)	运动黏度(100℃) (mm^2·s^{-1})
	低温温度 (℃)	最大黏度 (MPa·s)		
0W	−30	3250	−35	≥3.8
5W	−25	3500	−30	≥3.8
10W	−20	3500	−25	≥4.1
15W	−15	3500	−20	≥5.6
20W	−10	4500	−15	≥5.6
25W	−5	6000	−10	≥9.3
20			—	5.6~9.3
30	—	—	—	9.3~12.5
40	—	—	—	12.5~16.3
50	—	—	—	16.3~21.9
60	—	—	—	21.6~26.1

(二)发动机油的规格

1. 我国汽油机油规格

我国汽油机油根据《汽油机油》(GB 11121—2006)分为SE、SF、SG、SH、GF-1、GF-2、SL、GF-3等9个品种,每个品种按GB/T 14906或SAEJ 300划分黏度等级。汽油机油产品标记为:

| 质量等级 | 黏度等级 | 汽油机油 |

例如:SE　30　汽油机油。

2. 我国柴油机油规格

我国柴油机油根据《柴油机油》(GB 11122—2006)分为CC、CD、CF、CF-4、CH-4、CI-4等

6 个品种,每个品种按 GB/T 14906 或 SAEJ 300 划分黏度等级。柴油机油产品标记为:

$$\boxed{质量等级}\quad\boxed{黏度等级}\quad\boxed{柴油机油}$$

例如:CD　10W-30　柴油机油。

3.通用内燃机油

通用内燃机油可根据需要在 GB 11122—2006 所属 6 个柴油机油品种和 GB 11121—2006 所属 9 个汽油机油品种中进行组合,任何一个通用内燃机油都应同时满足其汽油机油和柴油机油品种的所有指标要求。通用内燃机油产品标记为:

$$\boxed{汽油机油质量等级/柴油机油质量等级}\quad\boxed{黏度等级}\quad\boxed{通用内燃机油}\quad或$$

$$\boxed{柴油机油质量等级/汽油机油质量等级}\quad\boxed{黏度等级}\quad\boxed{通用内燃机油}$$

例如:SJ/GF－4　5W-30　通用内燃机油或 CF－4/SJ　5W-30　通用内燃机油。

五、发动机润滑油的选用

1.发动机润滑油选用原则

发动机润滑油的选择应兼顾使用质量等级的选择和黏度等级的选择两个方面。

1)质量等级的选用

根据汽车使用说明书选择发动机润滑油质量等级,选择的质量等级应比说明书最低要求要高。不同设计发动机的结构、性能、工作条件不相同,工作苛刻度也不同,汽油机压缩比越高工作苛刻度越高,而柴油机活塞平均速度和平均有效压力越高,工作苛刻度越高。工作苛刻度越高的发动机所用的发动机润滑油质量等级越高。发动机的机型越新所用的发动机润滑质量等级越高。缺少所需品种时,能以高代低,不能以低代高。汽油机压缩比与汽油机润滑油质量等级的对应关系见表3-3,柴油机强化系数与柴油机润滑油质量等级的对应关系见表3-4。

汽油机压缩比与发动机润滑油质量等级的对应关系　　　　　　　表 3-3

汽油机压缩比	要求的汽油机润滑油质量等级	汽油机压缩比	要求的汽油机润滑油质量等级
低于6.5	SC	7.5 ~ 8.5	SE
6.5 ~ 7.5	SD	8.5 以上	SF

柴油机强化系数与柴油机润滑油质量等级的对应关系　　　　　　　表 3-4

柴油机强化系数	要求的柴油机润滑油质量等级
30 ~ 50	CC
大于50	CD

2)黏度等级的选用

润滑油黏度等级的选用主要根据气温、发动机工况和技术状况。在选择黏度等级时尽量考虑车辆可能经历最高环境温度和最低环境温度,使润滑油的使用环境温度范围能够覆盖冬季最低气温和夏季最高气温,达到冬夏通用,以避免季节换油造成浪费。润滑油黏度等级与使用温度的关系见表3-5。同时重载低速和高温下应选择黏度较大的润滑油,轻载高速下应选择黏度较小的润滑油。新发动机应选择黏度较小的润滑油,磨损严重的发动机应选择黏度较大的润滑油。具体选择时应根据汽车厂家的规定执行。

润滑油黏度等级与使用温度的关系　　　　　表3-5

润滑油黏度等级	使用的大致温度范围(℃)	润滑油黏度等级	使用的大致温度范围(℃)
0W(极地用油)	−55 ~ −10	15W/40	−15 ~ 40
5W/20	−30 ~ −5	20W/40	−5 ~ 40
10W/30	−20 ~ 10	30	0 ~ 40
15W/30	−15 ~ 20	40	20 ~ 50

2.发动机润滑油使用注意事项

(1)同一个级别的国内外润滑油使用效果一致。例如:国产长城牌SJ 5W-30受到国际认可,是目前国产高品质的润滑油,适用所有高档车。

(2)级别低的润滑油不能用于高性能发动机,以防润滑不足,造成磨损加剧;级别高的润滑油可以用于稍低性能的发动机,但不可降档太多。

(3)在保证润滑条件下,优选黏度低的润滑油,可以减少机件的摩擦损失,提高功率,降低燃料消耗。如果发现所用润滑油黏度太高,切不可自行进行稀释。正确的方法是放掉发动机内所有润滑油(包括滤清器内的润滑油),换用黏度适当的润滑油。

(4)保持正常油位,常检查,勤加油。

正常油位应位于油尺的最高与最低刻度线之间,不可过多或过少。加注过多的润滑油会影响发动机的工作。

(5)不同牌号的润滑油不可混用,同一牌号不同生产厂家的润滑油也尽量不混用。

(6)注意识别伪劣润滑油,不要迷信国外品牌润滑油。选取润滑油时,切勿一味相信广告和维修人员推荐,应检查是否经权威检测单位检测,问清检测结果。购买润滑油时到信誉好的大中型汽配商店选购。

(7)定期更换润滑油,并及时更换润滑油滤芯。注意:换油时一定要在"热车"时进行,油温高不仅容易从放油孔流出,而且油中的杂质可随旧油一起排出,加入新油后应着车数分钟,停机30min后,再检查油面。

(8)发动机润滑油是一种刺激性物质,一旦误食,会造成疾病或死亡。不能让发动机润滑油反复或长时间接触皮肤,若有润滑油接触皮肤,可用肥皂和水或洗手液冲洗接触部位。

技能实训

(一)润滑油液位的检查

(1)打开点火开关,起动发动机并保持息速运转3~5min,其间注意观察冷却液温度表指示数值的变化,当冷却液温度达到60~70℃时,关闭点火开关,停止发动机运转。

(2)打开发动机舱盖。

(3)用棉纱擦净机油加注盖周围的油渍、尘土等,并旋下机油加注盖。旋下机油加注盖之前,要清除周围的脏污,防止掉入发动机的内部,加剧磨损。

（4）拔出机油尺,用干净的抹布擦净机油尺上的机油。

（5）再次插入机油尺推到底,重新拔出后再读出机油油位,看油位是否在机油尺的上限（MAX）和下限（MIN）之间,机油尺正确液位如图3-1所示。

图3-1　机油尺正确液位

（二）润滑油变质的检查

机油在使用过程中,质量不断变化,性能逐渐变坏,因此,要检查发动机润滑油是否变质。检查方法有以下三种。

1. 外观及气味检查

从机油的外观能大致判断出机油变质的情况。方法是抽出机油尺取几滴机油通过摸、闻、看来判断出机油变质的情况。通过摸一摸机油、闻一闻机油的气味、用肉眼（也可借助放大镜）看一看机油的颜色进行了解,按表3-6机油症状及其恶化程度描述来判断机油的恶化变质情况。

机油症状及其恶化程度描述　　　　　　　　　　　　　表3-6

症　　状	恶化程度描述
比较清澈透明,仍保持或接近新机油的颜色	污染轻
不透明,呈雾状	机油中水汽凝结较多或有水渗入
变灰	可能被含铅汽油污染
变黑	燃油没完全燃烧的产物,特别是柴油机燃烧尾气的烟尘渗入,使机油变黑
出现刺激性气味	机油高温氧化较重
出现燃油味	燃油渗入,稀释机油

2. 手捻法检查

将发动机润滑油滴几滴放在手指上,用手捻搓机油,感觉有细颗粒搓手,表示机油里已含有较多的杂质。

3. 滤纸斑点试验检查

按《化学分析滤纸》（GB/T 1914—2007）的规定准备滤纸,按《润滑油现场检测法》（GB/T 8030—1987）的规定进行滤纸斑点试验检查,测取滤纸斑点,并与典型斑点图谱对比分析,从而判断含有清净剂和分散剂的发动机润滑油的清净分散性。

1）斑点分三个环（图3-2）

（1）沉积环:在斑点中心,呈淡灰至黑色,为大颗粒不溶物沉积区。润滑油接近报废时,则清净分散剂消失,沉积环直径小,颜色黑。

（2）扩散环:在沉积环外圈呈浅灰色到灰色,是细小炭粒随清净分散剂向外扩散的圆环。扩散环宽度愈宽,表明润滑油分散性愈好,宽度窄或消失,表明分散差或添加剂已耗尽。

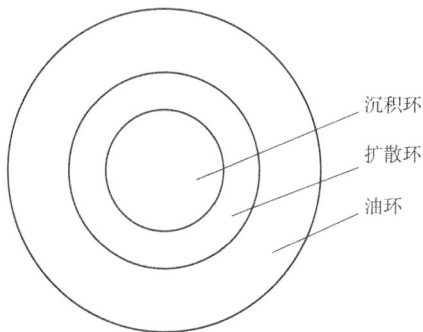

图3-2　滤纸斑点图像

(3)油环：在扩散环外圈，呈淡黄到棕红色的浸油区，表示油的氧化程度，新油的油环透明，废油的油环颜色由黄变成棕红色。

2)将目测斑点图像与典型斑点图谱对比分析，分下列四级

(1)一级：油斑的沉积环和扩散环之间没有明显界线，整个油斑颜色均匀，油环浅而明亮，油质良好。

(2)二级：油斑的沉积环色深，扩散环较宽，二环之间有明显的分界线，油环呈不同程度的黄色，油质已污染，应加强机油滤清，润滑油可继续使用。

(3)三级：油斑的沉积环深黑，沉积物密集，扩散环狭窄，油环颜色变深，油质已达劣化。

(4)四级：油斑只有中心沉积环和油环，无扩散环，沉积环乌黑，沉积环稠厚而不易干燥。

由于润滑油牌号、等级和车辆工况不同，不同油品质斑点图谱不完全相同。

4. 油滴斑点色域迹象试验法

按《润滑油质量快速检测方法》(NY/T 512—2002)规定在滤纸上测取油滴点色域迹象，与对照图谱比较，对润滑油质量进行判断。

1)正常油滴斑点色域迹象(图 3-3)

(1)油心圈：由滴入滤纸上油滴而形成的迹象，开始呈蓝色的内圈，色晕分布均匀，色晕随机油工作时间的增加而逐渐变黑。

(2)清净圈：主要反映油质的清净程度，一般呈灰白色的环带，油质档次越高，其环带越大，随机油工作时间的增加而逐渐变小变黑。

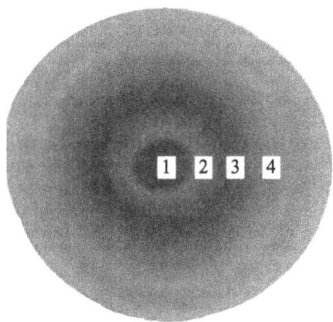

图 3-3　正常油滴斑点色域迹象

(3)分散圈：主要反映油质的分散能力，是判断油质好坏的主要迹象，一般呈浅黑色环带，油质档次越高，圈域界线越明显，圈域越大，随机油工作时间的增加而逐渐变小变黑。

(4)扩散圈：主要反映油中碱性物质的多少，碱性越大，环带越宽，颜色越蓝，随机油工作时间的增加而逐渐变窄变浅蓝色或消失。

2)更换机油

当出现油心圈、清净圈、分散圈三圈界限模糊不清，变小变黑时，或扩散圈变小，颜色变浅蓝色或消失时，应立即更换机油。

(三)机油中水分的检查

鉴别机油中是否含有水分的方法有观色法、燃烧法、放水法。

1.观色法

观色法就是观察机油的颜色。一般来说，清洁达标的机油与混入了水的机油颜色有明显区别。

2.燃烧法

燃烧法，就是把铜棒烧热后放入被检查的机油中，若有"噼啦"响声，说明机油中含有较多的水。

3.放水法

放水法,就是将机油中的水放掉。其方法是:汽车停驶后,让发动机静止30min左右,然后松开放油螺塞,若有水流出来,则说明机油中含有较多的水分。

(四)润滑油更换间隔期

润滑油的换油周期最好按照汽车使用说明书上规定的期限进行。换油周期与机油品种、性能等级、技术状况和运行条件都有关系。矿物油一般5000km或三个月左右更换,半合成油7500km或半年更换,全合成油则到10000km或一年左右更换。

(五)润滑油的更换

更换机油时首先擦拭漏斗或其他加油器具,擦拭干净机油滤清器与发动机接触部分,当这些器具和部位都擦拭干净后,将漏斗或其他器具插入机油加注口内,添加机油,具体步骤如下:

(1)将车辆开到举升机工位,打开发动机舱盖,更换机油滤清器,用机油滤清器扳手和扭力扳手旋松机油滤清器,等待几分钟,以使发动机机油流回发动机,接着拧下机油滤清器。

(2)安装机油滤清器之前先清理密封面,用机油略微润滑新滤清器的橡胶密封件,从而确保在拧紧滤清器时能达到最佳密封效果,机油滤清器的拧紧力矩是22N·m。

(3)举升前要确保支撑点正确,举升时,当车辆离开地面时要检查车辆支撑可靠性,车辆无倾斜后方可将车辆举升到目标高度,下降举升机,确保机械锁止后,方可进入车下作业。

(4)拆卸发动机下护板。发动机下护板较沉重,拆卸过程中一定要注意安全,车下作业时,应采取人身安全防护措施,如佩戴防护帽、防护手套、防护服等。

(5)将废机油收集器置于发动机油底壳放油螺栓的正下方,使用扭力扳手和梅花套筒拧松放油螺栓,然后用手缓缓旋出放油螺栓,让机油流入废机油收集器内。旋出时要稍用力向上推出放油螺栓,确定螺纹已全部旋出后,急速移开放油螺栓,否则,机油会流到手上或衣服上。

(6)更换放油螺栓以及密封垫圈,并用手拧紧。用手旋入放油螺栓,可以保证对正螺纹。严禁使用工具旋入,因为螺纹一旦歪斜,便会造成损坏。

(7)使用扭力扳手和梅花套筒拧紧放油螺栓。

(8)用棉纱擦净放油螺栓和油底壳上的油迹。

(9)操作举升机,将车辆平稳降落在地面上。

(10)选择车辆规定的机油,旋下机油桶盖,然后一手握住桶上的手柄,一手托住桶的底部,对正发动机的加油口,稍稍倾斜油桶,缓缓将机油倒入发动机内。

(11)加注完毕后旋紧加注盖,起动发动机并保持运转3~5min,关闭点火开关,拔出机油尺,擦净刻度处机油,再次插入后拔出检查油面高度,应位于上下刻度线中间偏上的位置为正常;偏下,则添加适量机油;高于上刻度线,应放出适量机油。

(12)操作举升机将车辆举升到目标高度,可靠停驻。检查放油螺栓处是否漏油,如有泄漏,立即修复。

（13）安装发动机下部护板。

模块小结

（1）发动机润滑油是由基础油和添加剂两部分组成。基础油有矿物基础油和合成基础油两类，添加剂的主要种类有清净剂、分散剂、抗氧抗腐剂、极压抗磨剂、油性剂、摩擦改进剂、黏度指数改进剂、防锈剂、降凝剂、抗泡剂等。

（2）发动机润滑油有润滑、冷却、清洁洗涤、密封防漏、防锈防蚀、减振缓冲作用。

（3）发动机润滑油润滑性是指在各种条件下，发动机润滑油均能降低摩擦、减小磨损和防止金属烧结的能力，评价指标是机油的黏度。

（4）低温操作性是指润滑油保证发动机在低温条件下容易起动和可靠供油的性能，评价指标是表观动力黏度、边界泵送温度、倾点。

（5）黏温性是指润滑油的黏度随发动机工作温度的变化而改变的性能，评价指标是黏度指数。

（6）清净分散性是指润滑油抑制积炭、漆膜和油泥生成或将这些沉淀物清除的能力，评价指标是硫酸盐灰分。

（7）抗氧化性是指润滑油抵抗空气中氧气作用而保持其物理化学性质不发生改变的能力。

（8）抗腐性是指润滑油抵抗腐蚀性物质对金属腐蚀的能力。

（9）抗泡性是指润滑油消除泡沫的性质，评定指标是泡沫性。

（10）API 使用性能分类法将汽油机油定为 S 系列，分为 SA、SB、SC、SD、SE、SF、SG、SH、SJ；柴油机油定为 C 系列 CA、CB、CC、CD、CE、CF、CG。

（11）SAE 黏度分类法是按机油的黏度进行分类的，黏度等级以 0W、5W、10W、15W、20W、25W 共 6 个含 W 的低温黏度级号和 20、30、40、50、60 共 5 个不含 W 的 100℃运动黏度级号表示。

（12）单黏度级润滑油是指只能满足低温或高温一种黏度级要求的润滑油，多黏度级润滑油既满足低温时的黏度要求，又能满足高温时的黏度要求，由低温黏度级号和高温黏度级号组合来表示。

（13）我国汽油机油根据《汽油机油》（GB 11121—2006）分为 SE、SF、SG、SH、GF-1、GF-2、SL、GF-3 等 9 个品种。

（14）我国柴油机油根据《柴油机油》（GB 11122—2006）分为 CC、CD、CF、CF-4、CH-4、CI-4 等 6 个品种。

（15）通用内燃机油可根据需要在 GB 11122—2006 所属 6 个柴油机油品种和 GB 11121—2006 所属 9 个汽油机油品种中进行组合。

（16）发动机机油的选择应兼顾使用质量等级的选择和黏度等级的选择两个方面。

（17）根据汽车使用说明书选择发动机润滑油质量等级，选择的质量等级应比说明书最低要求要高。

（18）在选择黏度等级时尽量考虑车辆可能经历最高环境温度和最低环境温度。

（19）不同牌号的润滑油不可混用,同一牌号不同生产厂家的润滑油也尽量不混用。

（20）定期更换润滑油,并及时更换润滑油滤芯。

思考与练习

(一) 单项选择题

1. 发动机润滑油是由(　　)组成。
　　A. 基础油和添加剂　　　　　　　　B. 原油和添加剂
　　C. 塔底油和添加剂　　　　　　　　D. 矿物基础油和合成基础油

2. 润滑油是发动机工作的重要介质,其主要作用不包含以下哪个选项? (　　)
　　A. 润滑　　　　　　B. 冷却　　　　　　C. 清洁洗涤　　　　　　D. 抗水

3. 按使用性能分类汽油机油定为(　　)。
　　A. S 系列　　　　　B. C 系列　　　　　C. D 系列　　　　　D. H 系列

4. 按黏度分类含 W 字母黏度系列是以(　　)划分。
　　A. 最大低温黏度
　　B. 最高边界泵送温度
　　C. 100℃时的运动黏度
　　D. 最大低温黏度、最高边界泵送温度以及 100℃时的最小运动黏度

5. 关于 15W/40 润滑油的描述错误的是(　　)。
　　A. 单黏度级润滑油
　　B. 低温黏度级号为 40、高温黏度级号为 15W
　　C. 低温黏度级号为 15W、高温黏度级号为 40
　　D. 以上选项均正确

6. 关于 CF-4/SJ 5W-30 通用内燃机油的描述错误的是(　　)。
　　A. 这是通用内燃机油　　　　　　　B. 柴油机油质量等级为 CF-4D
　　C. 汽油机油质量等级为 SJ　　　　　D. 黏度等级为 5W、最高边界泵送温度为 -30℃

7. 根据汽车使用说明书选择发动机润滑油质量等级时,选择的质量等级应比说明书最低要求要(　　)。
　　A. 高　　　　　　　　　　　　　　B. 低

8. 汽油机压缩比越高,所用的发动机润滑油质量等级越(　　)。
　　A. 高　　　　　　　　　　　　　　B. 低

9. 选择黏度等级时尽量考虑车辆可能经历(　　)。
　　A. 最低环境温度　　　　　　　　　B. 最高环境温度
　　C. 最高环境温度和最低环境温度　　D. 以上选项均不正确

10. 重载低速和高温下运行的汽车在尽量选择(　　)的润滑油。
　　A. 黏度较大　　　　　　　　　　　B. 黏度较小

(二) 判断题

1. 黏温性是指润滑油保证发动机在低温条件下容易起动和可靠供油的性能。　(　　)

2. 表观黏度是划分冬季用发动机机油黏度级别的依据之一。　　　　　　　(　　)

3. 发动机润滑油中加入了抗泡剂。 （   ）

4. SG 系列润滑油可用于轿车、货车和轻型载货汽车的汽油机。 （   ）

5. 黏度等级以 5 个含 W 的低温黏度级号和 6 个不含 W 的 100℃运动黏度级号表示。

（   ）

6. 同一个级别的国内外润滑油使用效果不一致。 （   ）

7. 正常油位应位于油尺的满刻度标志和 2/3 刻度标志之间,不可过多或过少。 （   ）

8. 同一牌号不同生产厂家的润滑油因为使用效果一致,因此可以混用。 （   ）

9. 误食发动机润滑油会造成疾病或死亡。 （   ）

（三）简答题

1. 简述发动机上使用润滑油润滑的摩擦副有哪些。

2. 简述润滑油有哪些使用性能。

3. 简述润滑油的选用原则。

模块四　车辆齿轮油

学习目标

1. 能描述车辆齿轮油的作用;
2. 能叙述车辆齿轮油的使用性能;
3. 能叙述车辆齿轮油的分类和规格;
4. 能叙述车辆齿轮油的选用原则和使用注意事项;
5. 能利用工具更换车辆齿轮油。

建议课时

2课时。

车辆齿轮油主要用于变速器、分动器、主减速器、转向机等传动机件摩擦处。齿轮油的工作条件:温度不很高,但油膜承受的单位压力很大,且齿轮油工作的速度范围变化较大。车辆齿轮油与发动机润滑油的主要区别是油膜所能承受的单位压力更大,因而要求其具有良好的油性、黏温特性和极压抗磨性。

一、车辆齿轮油的作用

齿轮油有减少摩擦、降低磨损、冷却零部件、缓和振动、减少冲击、降低噪声、防止锈蚀以及清洗摩擦表面的作用。

(1)润滑作用,降低齿轮之间的摩擦,减少磨损,保证齿轮正常运转和延长齿轮使用寿命。

(2)冷却作用,带走齿轮啮合过程中产生的热量,起到冷却作用。

(3)缓冲作用,缓和齿轮在传动过程中产生的振动、冲击和噪声。

(4)防腐蚀作用,齿轮油具有防锈功能,防止齿轮表面生锈以保证齿轮正常工作。

(5)清洁作用,齿轮油能起到清洁齿轮表面脏物的作用,减少齿轮的磨粒磨损。

二、车辆齿轮油的使用性能

1. 极压抗磨性

极压抗磨性指齿轮油中的极压抗磨剂在高压、高速和高温的苛刻工作条件下,能在齿轮轮齿齿面上与金属发生化学反应生成反应膜,防止齿面摩擦表面产生烧结、胶合等损伤的性能。当汽车在重载荷起动、爬坡或遇到冲击载荷时,齿面接触区有相当部分处于边界润滑状态。例如载荷加大或冲击载荷时,汽车双曲线齿轮的齿面负荷高达1.7GPa,冲击载荷高达2.8GPa。因此要求在较高的负荷下能保持有足够厚的润滑油膜,可以通过增加黏度和向齿轮油中添加极压抗磨添加剂来保证足够厚的润滑油膜。极压抗磨剂是一种重要的润滑脂添加剂,大部分是一些含硫、磷、氯、铅、钼的化合物,在一般情况下,氯类、硫类可提高润滑脂的耐负荷能力,防止金属表面在高负荷条件下发生烧结、卡咬、刮伤,同时磷类、有机金属盐类具有较高的抗磨能力,可防止或减少金属表面在中等负荷条件下的磨损。因此在实际应用中,利用一般磷化物具有抗磨性、氯化物与硫化物具有极压性,使添加剂同时含氯、含磷或含硫化合物,从而既具有极压性,又具有抗磨性。

2. 低温操作性

低温操作性又称为低温流动性,是指齿轮油在低温或冬季时仍能保持最佳流动性的能力。在寒冷地区的冬季起动汽车时,为保证汽车顺利起动,要求齿轮油在低温下保持一定的流动性。为保证车辆齿轮油具有良好的低温操作性,规定了几个评价指标:倾点、成沟点、黏度指数、表观黏度达150Pa·s时的温度等。

成沟点指在规定的试验条件下,试油成沟的最高温度。把容器内的试验油样在规定的温度下放置18h,然后用金属片把油切成一条沟,10s后观测油的流动情况。若10s内试油流回并完全覆盖试油容器底部,则报告试样不成沟,反之则试样成沟。黏度达到150Pa·s时的最高温度是指根据《润滑剂低温黏度的测定 勃罗费尔特黏度计法》(GB/T 11145—2014)测定标准,双曲线齿轮主减速器齿轮油表观黏度小于150Pa·s,汽车起步后能在15s内流进轴承而保证其正常润滑,这个黏度为汽车低温起步的极限黏度,因此汽车齿轮油规格中规定了"黏度达到150Pa·s时的最高温度"这一指标。

3. 热氧化安定性

热氧化安定性是指齿轮油在高温条件下抵抗氧化的能力。汽车齿轮在运动过程中不断地搅拌齿轮油,使齿轮油不断地与氧气接触,同时齿轮油的工作温度高,再加上齿轮箱中金属的催化作用使得齿轮油发生化学反应生成各种氧化物,从而使齿轮油的作用和性能变坏,因此要求齿轮油在较高温度下不易氧化变质。齿轮油的热氧化安定性可通过齿轮箱模型试验来评定。

4. 抗腐蚀性和防锈性

齿轮油的抗腐蚀性和防锈性是指齿轮油防止齿轮、轴承产生腐蚀、生锈的能力。齿轮传动装置内可能从外界渗透入水分,工况变化、冷热交替可能出现冷凝水分,齿轮油中的水分和氧化生成的酸性产物是齿轮、轴承生锈、腐蚀的主要原因,同时齿轮油中的极压抗磨剂对金属也具有一定的腐蚀作用,因此齿轮油中应加入适当的极压抗磨剂、抗腐剂及防锈剂。齿轮油的抗腐蚀性和防锈性可通过钢片腐蚀试验和防锈性试验来评定。

5. 抗泡沫性

抗泡沫性是指齿轮油在强烈搅拌条件下,抵抗泡沫生成和泡沫及时消失的能力。如果泡沫不能及时消失,就会出现溢流、破坏油膜、加剧磨损等不良现象,严重时会造成齿轮磨损和胶合,因此在齿轮油中加入抗泡沫剂,以减小泡沫对齿轮的危害。

三、车辆齿轮油的分类和规格

(一)齿轮油的分类

齿轮油的分类有按黏度和使用性能两种分类方法。

1.按黏度分类

按黏度分类是根据汽车齿轮油的黏度达到 $1.5 \times 10^5 MPa \cdot s$ 时的最高温度和100℃时的运动黏度为70W、75W、80W、85W、90、140、250 等7个黏度等级。其中带字母"W"的70W、75W、80W、85W为冬季用汽车齿轮油,不带字母的90、140 和250 为夏季用汽车齿轮油。号码越大黏度越大,适用温度越高。汽车齿轮油按黏度分类见表4-1。

汽车齿轮油按黏度分类　　　　表4-1

黏度牌号	黏度为 $1.5 \times 10^5 MPa \cdot s$ 时的最高温度(℃)	100℃时的运动黏度($mm^2 \cdot s^{-1}$)
70W	−55	≤4.1
75W	−40	≤4.1
80W	−26	≤7.0
85W	−12	≤11.0
90	—	13.5~24.0
140	—	24.0~41.0
250	—	≤41.0

汽车齿轮油也有多级油,常用的多级齿轮油有75W/90、80W/90、85W/90、85W/140 等,例如85W/90 表示这种油在冬季使用时相当于85W,其黏度为 $1.5 \times 10^5 MPa \cdot s$ 时的最高温度为 −12℃,在夏季使用时相当于90 号,100℃时的运动黏度为 13.5~24.0$mm^2 \cdot s^{-1}$。

2.按使用性能分类

按使用性能分类齿轮油可分为GL-1、GL-2、GL-3、GL-4、GL-5、GL-6共6个级别,数值越大,汽车齿轮油的承载能力越强,适应越苛刻的工作条件。汽车齿轮油按使用条件分类见表4-2。

汽车齿轮油按使用条件分类　　　　表4-2

分类级别	适用范围
GL-1	低齿面压力、低滑动速度下运行的汽车螺旋伞齿轮、涡轮后轴和各种手动变速器,直馏矿油能满足这级油的要求
GL-2	汽车涡轮后轴,其负荷、温度及润滑速度的状况用GL-1级齿轮油不能满足要求
GL-3	中等速度及负荷运转的汽车手动变速器和后桥螺旋伞齿轮规定用GL-3级齿轮油,其承载能力比GL-2低,比GL-4高

分类级别	适 用 范 围
GL-4	在高速低转矩及低速高转矩下运行的轿车和其他车辆的各种齿轮,特别是准双曲线齿轮
GL-5	在高速冲击负荷、高速低转矩、低速高转矩条件下运行的轿车和其他车辆的各种齿轮,特别是准双曲线齿轮
GL-6	高速冲击负荷下运转的轿车和其他车辆的各种齿轮,特别是高偏置双曲线齿轮,偏置大于 5cm 或接近大齿圈直径的 25%

(二)汽车齿轮油的规格

我国汽车齿轮油的规格有普通车辆齿轮油(CLC)、中等负荷车辆齿轮油(CLD)、重负荷车辆齿轮油(CLE)3 类,其组分、适用性及适用部分见表 4-3。

我国汽车齿轮油的规格　　　　　　　　　　表 4-3

名　称	代　号	组　分	适 用 性	对应 API 分类	黏度牌号	使用标准
普通车辆齿轮油	CLC	精制矿物油加入氧化剂、防锈剂、抗泡沫添加剂和少量极压剂制成	中等速度和负荷比较苛刻的手动变速器和弧齿锥齿轮的驱动桥	GL-3(已废除)	80W/90,85W/90,90	《普通车辆齿轮油》[SH/T 0350—1992(2007)]
中等负荷车辆齿轮油	CLD	精制矿物油加入氧化剂、防锈剂、抗泡沫剂和极压剂制成	在低速高转矩、高速低转矩操作条件下使用的各种齿轮,特别是客车和其他各种汽车用的准双曲面齿轮	GL-4(已废除)	75W,80W/90,85W/90,85W/140,90	《中负荷车辆齿轮油》(JT/T 224—2008)
重负荷车辆齿轮油	CLE	精制矿物油加入氧化剂、防锈剂、抗泡沫剂和极压剂制成	在高速冲击载荷或高速低转矩操作条件下使用的各种齿轮,特别是客车和其他各种汽车用的准双曲面齿轮	GL-5	75W,80W/90,85W/90,85W/140,90,140	《重负荷车辆齿轮油》(GB 13895—2018)

普通车辆齿轮油是一种以石油润滑油、合成润滑油及它们的混合组分为原料,并加入抗氧剂、防锈剂、抗泡剂和少量极压剂制成的齿轮油,适用于中等速度和负荷比较苛刻的手动变速器和螺旋锥齿轮驱动桥,有 80W/90、85W/90、90 三个黏度牌号,其规格见表 4-4。中负荷车辆齿轮油(GL-4)技术条件见表 4-5,重负荷车辆齿轮油(GL-5)(GB/T 13895—2018)见表 4-6。

普通车辆齿轮油规格　　　　　　　　　　表 4-4

项　　目		质量指标			试 验 方 法
		80W/90	85W/90	90	
运动黏度 100℃(mm²/s)		15 ~ 19	15 ~ 19	15 ~ 19	GB/T 265
表观黏度 150Pa·s 时(℃)	不高于	−26	−12		

续上表

项　　目		质量指标			试验方法
		80W/90	85W/90	90	
黏度指数				90	GB/T 1995 或 GB/T 2541
倾点(℃)	不高于	−28	−18	−10	GB/T 3535
闪点(开口)(℃)	不低于	170	180	190	GB/T 267
水分(%)	不大于	痕迹	痕迹	痕迹	GB/T 260
锈蚀试验15号钢棒A法		无锈	无锈	无锈	GB/T 11143
起泡性(mL/mL)					
24℃±0.5℃	不大于	100/10	100/10	100/10	GB/T 12579
93℃±0.5℃	不大于	100/10	100/10	100/10	
24℃±0.5℃	不大于	100/10	100/10	100/10	
铜片腐蚀实验(100℃、3h)(级)	不大于	1	1	1	GB/T 5096
最大无卡咬负荷(PB)(kg)	不小于	80	80	80	GB/T 3142
机械杂质(%)	不大于	0.05	0.02	0.02	GB/T 511
残炭(未加剂)(%)		报告			GB/T 268
酸值(未加剂)(mgKOH/g)		报告			GB/T 4945
氯含量(%)		报告			SH/T 0161
锌含量(%)		报告			SH/T 0226
硫酸盐灰分(%)		报告			GB/T 2433

中负荷车辆齿轮油(GL-4)技术条件 　　表4-5

项　　目		75W	80W/90	85W/90	90	85W/140	试验方法
运动黏度100℃(mm²/s)		不小于4.1	13.5~24.0	13.5~24.0	13.5~24.0	24.0~41.0	GB/T 265
黏度指数	不小于				90		GB/T 2541
闪点(开口)(℃)	不低于	150	165	180			GB/T 3536
成沟点(℃)	不高于	−45	−35	−20	−17.8	−20	SH/T 0030
表观黏度150Pa·s时(℃)	不高于	−40	−26	−12		−12	GB/T 1145
机械杂质(%)	不大于	0.02					GB/T 511
水分(%)	不大于	痕迹					GB/T 260
泡沫倾向性、泡沫稳定性(mL/mL)							
24℃	不大于	20/0					GB/T 12579
93℃	不大于	50/0					
后24℃	不大于	20/0					
台架性能评定		待定					

重负荷车辆齿轮油（GL-5） 表4-6

项　　目	质　量　指　标										实验方法
黏度等级	75W/90	80W/90	80W/110	80W/140	85W/90	85W/110	85W/140	90	110	140	
运动黏度（100℃）(mm²/s)	13.5~<18.5	13.5~<18.5	13.5~<24.0	24.0~<32.5	13.5~<18.5	13.5~<24.0	24.0~<32.5	13.5~<18.5	13.5~<24.0	24.0~<32.5	GB/T 265
黏度指数	报告							不小于90			GB/T 1995
KRL 剪切安定性（20h）剪切后100℃运动黏度（mm²/s）	在黏度等级范围内										NB/SH/T 0845
倾点（℃）	报告	报告	报告	报告	报告	报告	报告	不高于-12	不高于-9	不高于-6	GB/T 3535
表观黏度（-40℃）(mPa·s) 不大于	150000	—	—	—	—	—	—	—	—	—	GB/T 11145
表观黏度（-26℃）(mPa·s) 不大于	—	150000	150000	150000	150000	—	—	—	—	—	
表观黏度（-12℃）(mPa·s) 不大于	—	—	—	—	150000	150000	150000	—	—	—	
闪点(开口)(℃) 不低于	170	180	180	180	180	180	180	180	180	200	GB/T 3536
泡沫性（泡沫倾向）(mL) 24℃ 不大于 93.5℃ 不大于 后24℃ 不大于	20 50 20										GB/T 12579
铜片腐蚀实验(121℃,3h)/级 不大于	3										GB/T 5096
机械杂质（质量分数）(%) 不大于	0.05										GB/T 511
水分（质量分数）(%) 不大于	痕迹										GB/T 260
戊烷不溶物（质量分数）(%)	报告										GB/T 8926A 法
硫酸盐灰分（质量分数）(%)	报告										GB/T 2433
硫（质量分数）(%)	报告										GB/T 17040
磷（质量分数）(%)	报告										GB/T 17476
氮（质量分数）(%)	报告										NB/SH/T 0704
钙（质量分数）(%)	报告										GB/T 17476
储存稳定性 液体沉淀物（体积分数）(%) 不大于 固体沉淀物（质量分数）(%) 不大于	0.5 0.25										SH/T 0037

续上表

项 目	质量指标	实验方法
锈蚀试验 最终锈蚀性能评价 　　　　不小于	9.0	NB/SH/T 0517
承载能力试验 驱动小齿轮和环形 齿轮 　螺脊　　不小于 　波纹　　不小于 　磨损　　不小于 　点蚀/剥落　不小于 　擦伤　　不小于	 8 8 5 9.3 10	NB/SH/T 0518
抗擦伤试验	优于参比油或与参比油性能相当	SH/T 0519
热氧化稳定性 100℃运动黏度增 长(%)　　不大于 戊烷不溶物(质量 分数)(%)　不大于 甲苯不溶物(质量 分数)(%)　不大于	 100 3 2	SH/T 0520 GB/T 265 GB/T 8926 A 法 GB/TN 8926 A 法

四、车辆齿轮油的选用

(一)汽车齿轮油的选择原则

1.使用质量等级的选择

根据齿轮类型和工作条件确定油品质量等级。主要根据齿面压力、滑动速度和油温等工作条件,而这些工作条件又取决于传动装置的齿轮类型。例如:双曲线齿轮式主减速器工作条件苛刻,对齿轮油使用性能要求高,一般选用重负荷车辆齿轮油。

2.黏度等级的选择

车辆齿轮油黏度级别的选择,主要根据最低使用环境温度和齿轮传动装置的运行最高温度确定黏度级别(牌号)。我国汽车齿轮油适应的温度及地区见表4-7。

我国汽车齿轮油适应的温度及地区　　　　　　　　　　表4-7

黏度级别	适用温度(℃)	适 用 地 区
75W	−40～30	寒冷地区寒冷冬季使用,与合成油类润滑油及防冻液配合使用
80W/90	−26～40	华东、华北、华中、华南地区冬季使用
85W/90	−12～40	华东、华北、华中地区夏季使用,华南、西南地区冬季使用
85W/140	−12～50	
90,140	−5～50	全国各地夏季通用,华南地区冬季通用

(二)汽车齿轮油的使用注意事项

(1)必须严格按车辆使用说明书的规定正确选用齿轮油。齿轮油黏度应以保证润滑为宜,应尽可能使用合适的多级齿轮油。如果黏度过高,燃料消耗将显著增加,特别是对高速轿车影响更大。性能级别低的齿轮油不可以代替高级别的齿轮油使用。

(2)齿轮油加注要适量。加注量不足,润滑不良,磨损增加;加注过多,会增加动力损失,造成密封漏油。

(3)双曲线齿轮的驱动桥必须选用双曲线齿轮油,否则会造成齿轮的早期严重磨损。

(4)不可采取掺兑柴油将齿轮油兑稀,否则会造成齿轮咬伤。

(5)使用单级油。换季维护时就需要更换;尽可能使用合适的多级油,以避免季节换油造成的浪费。

(6)定期更换。一般周期为40000~50000km,且根据使用条件变化,在热态时更换,并清洗齿轮箱。

技能实训

(一)齿轮油渗漏检查

1.手动变速器油渗漏检查

手动变速器油渗漏检查主要是检查壳接触面,轴和拉索伸出的区域,油封、排放塞和加注塞有无渗油,检查位置如图4-1中箭头所示。

2.差速器油渗漏检查

差速器油渗漏检查的检查位置如图4-2中箭头所示。

图4-1 手动变速器油渗漏检查区域

图4-2 差速器油渗漏检查区域

3.分动器油渗漏检查

分动油器渗漏检查的检查位置如图4-3中箭头所示。

(二)齿轮油位检查

在检查齿轮油位时,手动变速器、差速器和分动器中油位检查方法均一致,拆卸油加注塞,将手指插入塞孔,并且检查油与手指接触的位置。具体要求如图4-4所示。

图 4-3　分动器油渗漏检查区域

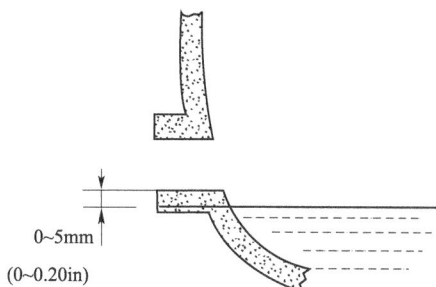

0～5mm
(0～0.20in)

图 4-4　油位检查要求

(三)手动变速器油的更换

1.准备

车辆进入工位前,清理干净工位卫生,排除障碍物,准备好相关工具、物品等。安装防护五件套。将车辆停驻在举升机中央位置,拉紧驻车制动器操纵杆或将变速器置于空挡,安装车轮挡块。拉起发动机舱盖释放杆,打开发动机舱盖。安装翼子板布和前格栅布。安装并启动废气抽排系统。

2.齿轮油的液位检查

通过诊断仪读取齿轮油的温度,如果高于50℃,则让变速器冷却。在发动机停止工作的状态下,旋出溢流管并排出齿轮油。然后重新安装溢流管并加注齿轮油,起动发动机并运转一会儿关闭发动机,旋出放油螺塞,排放多余的齿轮油,直至齿轮油油位与溢流管平齐。

3.拆卸和安装齿轮油滤清

将发动机熄火,不要起动发动机,将接油机放到变速器下面。通过旋转约 7 圈松开滤清器壳体,等待 10s,使滤清器壳体内的油流回变速器。取下滤清器壳体,向下插入带凸肩的新滤清器,拧紧罩壳。

4.齿轮油的排放和加注

关闭发动机。操作举升机举升汽车,使汽车处于水平位置,必要时拆卸隔音板,将旧油收集和抽吸装置放置在变速器下。

(1)拆卸加注塞、排放塞(图 4-5)和两个垫片,然后排放变速器油。变速器油的排放时

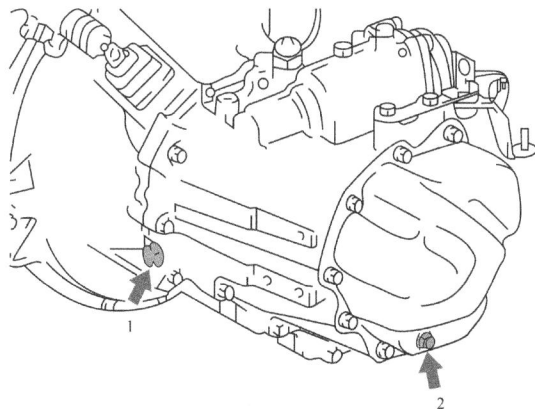

图 4-5　手动变速器加注塞、排放塞
1-加注塞;2-排放塞

间不少于10min,排放齿轮油并进行正确的回收处理。

(2)将油排放之后,用新垫片重新安装排放塞。

(3)拔下变速器通气口的通气帽,通过变速器通气口加注齿轮油重新加注规定量的油。

(4)用一个新垫片重新安装加注塞。

模块小结

(1)车辆齿轮油主要用于变速器、分动器、主减速器、转向机等传动机件摩擦处。

(2)齿轮油与发动机润滑油的主要区别是油膜所能承受的单位压力更大,因而要求其具有良好的油性、黏温特性和极压抗磨性。

(3)齿轮油有减少摩擦、降低磨损、冷却零部件、缓和振动、减少冲击、降低噪声、防止锈蚀以及清洗摩擦表面的作用。

(4)极压抗磨性指齿轮油中的极压抗磨剂在高压、高速和高温的苛刻工作条件下,能在齿轮轮齿齿面上与金属发生化学反应生成反应膜,防止齿面摩擦表面产生烧结、胶合等损伤的性能。

(5)低温操作性又称为低温流动性,是指齿轮油在低温或冬季时仍能保持最佳流动性的能力,评价指标:倾点、成沟点、黏度指数、表观黏度达150Pa·s时的温度等。

(6)热氧化安定性是指齿轮油在高温条件下抵抗氧化的能力。

(7)齿轮油的抗腐蚀性和防锈性是指齿轮油防止齿轮、轴承产生腐蚀、生锈的能力。

(8)抗泡沫性是指齿轮油在强烈搅拌条件下,抵抗泡沫生成和泡沫及时消失的能力。

(9)按黏度分类有70W、75W、80W、85W、90、140、250 等 7 个黏度等级。其中带字母"W"的 70W、75W、80W、85W 为冬季用汽车齿轮油,不带字母的 90、140 和 250 为夏季用汽车齿轮油。

(10)常用的多级齿轮油有 75W/90、80W/90、85W/90、85W/140 等。

(11)按使用性能分类齿轮油可分为 GL-1、GL-2、GL-3、GL-4、GL-5、GL-6 共 6 个级别,数值越大,汽车齿轮油的承载能力越强,适应越苛刻的工作条件。

(12)我国汽车齿轮油的规格有普通车辆齿轮油(CLC)、中等负荷车辆齿轮油(CLD)、重负荷车辆齿轮油(CLE)3 类。

(13)根据齿轮类型和工作条件确定油品质量等级,根据最低使用环境温度和齿轮传动装置的运行最高温度确定车辆齿轮油黏度级别(牌号)。

思考与练习

(一)单项选择题

1.车辆齿轮油的作用不包括下列哪项? (   )

A.润滑　　　　B.冷却　　　　C.缓冲　　　　D.抗水

2.极压抗磨剂是一种重要的润滑脂添加剂,大部分是一些含(   )的化合物。

A.铜　　　　　B.磷　　　　　C.硅　　　　　D.镁

3.成沟点指在规定的试验条件下,试油成沟的(   )。

A.最高温度　　B.最低温度　　C.最高黏度　　D.最低黏度

4. 按黏度分类汽车齿轮油有(　　)7个黏度等级。

    A. 60 W、75 W、80 W、95 W、90、150、250

    B. 70 W、75 W、80 W、85 W、90、150、250

    C. 65 W、75 W、80 W、85 W、90、130、250

    D. 70 W、75 W、80 W、85 W、90、140、250

5. 关于 75 W/90 描述正确的是(　　)。

    A. 冬季使用时相当于 90 号　　　　　　　B. 夏季使用时相当于 75 W 号

    C. 单级油　　　　　　　　　　　　　　　D. 多级油

6. 我国汽车齿轮油按使用性能分类齿轮油共(　　)个级别。

    A. 3　　　　　　　　B. 4　　　　　　　　C. 5　　　　　　　　D. 6

7. 我国汽车齿轮油的规格有(　　)。

    A. 轻负荷车辆齿轮油、中等负荷车辆齿轮油、重负荷车辆齿轮油

    B. 普通车辆齿轮油、中等负荷车辆齿轮油、重负荷车辆齿轮油

    C. 低速车辆齿轮油、中速车辆齿轮油、高速车辆齿轮油

    D. 普通速度车辆齿轮油、中速车辆齿轮油、高速车辆齿轮油

8. 根据(　　)来确定油品质量等级。

    A. 齿轮类型　　　B. 工作条件　　　　C. 环境温度　　　　D. 齿轮类型和工作条件

9. 车辆齿轮油黏度级别的选择,主要根据(　　)来确定黏度级别。

    A. 最低使用环境温度和齿轮运行最低温度

    B. 最低使用环境温度和齿轮运行最高温度

    C. 最高使用环境温度和齿轮运行最低温度

    D. 最高使用环境温度和齿轮运行最高温度

10. 齿轮油黏度应以保证润滑为宜,应尽可能使用合适的(　　)齿轮油。

    A. 单级　　　　　　　　　　　　　　　　B. 多级

(二)判断题

1. 车辆齿轮油主要用于变速器、分动器、主减速器、转向机等传动机件摩擦处。(　　)

2. 车辆齿轮油油膜所能承受的单位压力比发动机润滑油油膜所能承受的单位压力小。

                                              (　　)

3. 齿轮油中加入抗泡沫剂,以减小泡沫对齿轮的危害。(　　)

4. GL-4 适用于在高速冲击负荷、高速低转矩、低速高转矩条件下运行的轿车。(　　)

5. 寒冷地区寒冷冬季使用的齿轮油黏度等级为 75 W。(　　)

(三)简答题

1. 车辆齿轮油的使用性能有哪些?

2. 车辆齿轮油的选用原则有哪些?

模块五 车用传动油

学习目标

1. 能准确描述液压油的使用性能要求；
2. 能准确描述液压油的使用性能评定；
3. 能准确叙述液压油的分类；
4. 能正确选用液压油；
5. 能准确解读液压油的应用；
6. 能准确叙述液力传动油的特性；
7. 能准确叙述液力传动油的性能指标；
8. 能准确判断液力传动油的分类与规格；
9. 能正确选择与使用液力传动油。

建议课时

8 课时。

当前的汽车已应用到国民经济的各个领域,而且专用性越来越明显。液压系统在一些专用汽车上的应用也越来越广泛。而液压系统工作的可靠性和使用寿命,在很大程度上取决于液压油的性能和正确使用。

随着汽车结构的不断完善,传动系统操纵自动化便成为改善汽车结构的发展方向之一。目前自动变速汽车的数量逐渐增多,液力传动油的使用量也在不断增大。液力传动油的作用是在液力变矩器内实现动力传递、在自动变速器内实现控制和动力传递及润滑有关摩擦副。

这里介绍的车用传动油就是指汽车上的液压油和液力传动油。

一、车用液压油

(一)液压油的使用性能要求

自卸汽车、汽车起重机等各种专用车辆的液压系统,使用液压油作为工作介质。这类液压系统中,油液的流速不大,但工作压力较高,故称静压传动。静压传动装置主要由动力机构、控制机构、执行机构、辅助装置、工作介质等部分组成。动力机构即液压泵,其作用是把输入的机械能转换为液体的压力能;控制机构即各种调节装置和液压阀,用来控制液体的压力、流量和方向等;执行机构主要指液压缸和液压马达,作用是将输入的压力能转换为工作需要的机械能;辅助装置包括油箱、油管、管接头及各种控制仪表等;工作介质是指传递能量的液压油。

为了保证液压系统正常工作,对液压油的使用性能有两个最基本的要求:工作中的不可压缩性和良好的流动性。通常提到的空气释放性、起泡性、黏温性和抗剪切性能等,实际上都是为了保证实现上述两个基本要求。

1. 保持液压油的不可压缩性

液体在外力作用下不易改变其体积,所以通常说液体是不可压缩的。但空气混入后会影响液体的不可压缩性。目前使用的液压油多用矿物油,空气能溶解于矿物油中,其溶解度主要取决于空气压力,其次是环境温度。气压高或温度高时,溶解度大。在常温常压条件下,空气在矿物油中的溶解度约为9%(体积分数)。当空气在油液中保持溶解状态时,液压系统工作不会出现问题。而当液压油通过液压缸、液压阀等液压元件时,压力会突然下降,加上温度的影响,空气容易从油液中释放出来并形成许多气泡,破坏液压油的不可压缩性,从而破坏了它作为工作介质传递能量的作用,并使操纵机构失灵。此外,液压泵发生泄漏或油与空气的翻搅都会产生泡沫。油液中混入空气还会使液压泵产生噪声。为了保持液压油的不可压缩性,一方面要尽量防止空气混入液压系统,另一方面应在液压油中加入抗泡剂。与液压油不可压缩性相关的指标是空气释放值(它用在50℃时的每分钟不大于某值来表示)以及起泡性(泡沫倾向/饱沫稳定性)等。

2. 良好的流动性

油液的流动性直接影响着能量的传递效果,它与油液的倾点、黏度和黏温性等指标有关,特别是倾点和低温黏度,应能适应液压泵预计的最低操作温度。倾点过高,低温黏度过大,冬季将使野外工作的液压泵不能正常吸油,造成磨损,甚至不能运转。低温下使用的液压油应深度脱蜡,并加入倾点降低剂(即降凝剂)或用合成烃油作为基础油。温度变化范围较宽的液压系统,其液压油须有良好的黏温性,否则温度降低时,黏度增加太大,摩擦损失增加,泵送的速度变慢,从而影响能量传递效果。而在温度升高后黏度又变得太小。所以,在宽温度范围使用的液压油里应加入黏度指数改进剂,这种液压油被称作高黏度指数液压油。

3. 良好的剪切稳定性

为了改善液压油的黏温性,加入的黏度指数改进剂多是高分子聚合物,在切应力作用下,若分子断裂,将使黏度下降,黏温性变差。工作时,泵的转动和阀门间隙中的小孔,都会产生剪切作用,因此,加有黏度指数改进剂的液压油,还应具备良好的剪切稳定性,通过规定的剪切试验,测其黏度损失,常用某一温度下黏度下降的百分数来表示。

4. 良好的抗磨性

液压泵的发展趋势是高压、高速、小流量。这就要求液压油具有一定的极压抗磨性。抗磨型的液压油,要通过各种抗磨性试验,如 FZG[或 CL-10(1)]齿轮机试验、叶片泵试验和长期磨损试验等。

5. 良好的氧化安定性

液压油氧化后生成的胶质和沉积物会影响液压系统的正常工作,特别是系统的稳定性及控制机构的精度和准确性;同时生成的酸性氧化物会使设备受到腐蚀,因此要求液压油具有良好的氧化安定性。提高液压油氧化安定性的办法是对液压油的基础油进行深度精制,并加入抗氧剂。

此外,液压油还应有良好的防腐性、防锈性、抗乳化性和橡胶密封材料的适应性等要求。对某些在有热源条件下工作的液压油,还有难燃性的要求。

(二)液压油的使用性能评定

从分子物理学的观点来看,液体是由一个个不断做不规则运动的分子所组成的,分子间存在着间隙,因此它们是不连续的。但从工程技术的观点来看,分子间的间隙极其微小,完全可以把液体看作是由无限多个微小质点所组成的连续介质,把液体的状态参数(密度、速度和压力等)看作是空间坐标内的连续函数。

1. 密度和重度

(1)液体中某点处微小质量 Δm 与其体积 ΔV 之比的极限值,称为该点的密度。

对于均质液体来讲,它的密度为:

$$\rho = \frac{m}{V} \tag{5-1}$$

式中:m——液体的质量;

$\quad V$——液体的体积。

(2)液体中某点处微小重力 ΔF_G 与其体积 ΔV 之比的极限值,称为该点液体的重度。

对于均质液体来讲,它的重度为:

$$\gamma = \frac{F_G}{V} \tag{5-2}$$

式中:F_G——液体的重力;

$\quad V$——液体的体积。

在国际单位制(SI 制)中,液体的密度单位使用 kg/m^3;重度单位使用 N/m^3。由于 $F_G = mg$,所以液体的密度和重度之间有如下关系:

$$\gamma = \rho g \tag{5-3}$$

重力加速度 g 的值在 SI 制中常取 $9.81m/s^2$。液体的密度和重度随压力和温度而变化,在一般情况下,可视为常数,ρ 取 $900kg/m^3$。

2. 液体的可压缩性

当液体受到压力时,分子间距离缩短,密度增加,体积缩小。这种性质就叫做液体的可压缩性。液压油在 35MPa 以下的压力范围,每升高 7MPa,体积仅缩小 0.5%,因此在一般情况下可以忽略不计。但是在研究液压传动的动特性,计算液流冲击力、抗震稳定性、工作的过渡过程以及远距离操纵的液压机构时,必须考虑它的压缩性。

在这些情况下,液体的压缩性是有害的。例如,在精度要求很高的随动系统中,油液的压缩性会影响它的运动精度,在超高压系统液体加压压缩时吸收了能量,当换向时能量突然释放出来,会产生液压冲击,引起剧烈的振动和噪声等。

但是,我们可以利用液体压缩性有利的一面。例如液压机中,可以利用油液的压缩性储存压力能,实现停机保压。

3.黏度特性

当油液在外力作用下发生流动时,由于油液分子与固体壁面之间的附着力和分子之间的内聚力的作用,会导致油液分子间产生相对运动,从而在油液中产生内摩擦力。我们称油液在流动时产生内摩擦的特性为黏性。所以只有在流动时,油液才有黏性,而静止液体则不显示黏性。

黏性的大小可用黏度来衡量。黏度是选用液压油的主要指标,它对油液流动的特性有很大影响。

4.其他特性

液压油还有其他一些物理化学性质,如抗燃性、抗氧化性、抗凝性、抗泡沫性、抗乳化性、防锈性、润滑性、导热性、稳定性以及相容性(主要指对密封材料、软管等不侵蚀、不溶胀的性质)等,这些性质对液压系统的工作性能有重要影响。对于不同品种的液压油,这些性质的指标是不同的,具体应用时可查油类产品手册。

(三)液压油的分类

按国家标准规定,液压油属于 L 类(润滑剂和有关产品)中 H 组(液压系统),并采用统一的命名方法,其一般形式为:

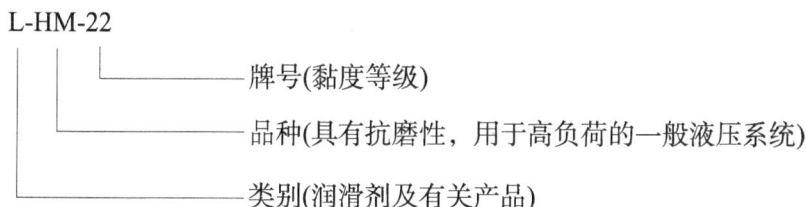

L-HM-22
　　　　└── 牌号(黏度等级)
　　　└───── 品种(具有抗磨性,用于高负荷的一般液压系统)
　　└──────── 类别(润滑剂及有关产品)

《润滑剂、工业用油和相关产品(L 类)的分类 – 第 2 部分:H 组(液压系统)》(GB/T 7631.2—2003)见表 5-1。

H 组(液压系统)液压油分类——流体静压系统　　　　表 5-1

组别符号	应用范围	特殊应用	更具体应用	组成和特性	产品符号 ISO-L	典型应用	备 注
H	液压系统	流体静压系统		无抑制剂的精制矿油	HH		
				精制矿油,并改善其防锈和抗氧性	HL		
				HL 油,并改善其抗磨性	HM	有高负荷部件的一般液压系统	
				HL 油,并改善其黏温性	HR		
				HM 油,并改善其黏温性	HV	建筑和船舶设备	
				无特定难燃性的合成液	HS		特殊性能

组别符号	应用范围	特殊应用	更具体应用	组成和特性	产品符号 ISO-L	典型应用	备注
H	液压系统	流体静压系统	用于要求使用环境可接受液压液的场合	甘油三酸酯	HETG	一般液压系统（可移动式）	每个品种的基础液的最小含量应不少于70%（质量分数）
				聚乙二醇	HEPG		
				合成酯	HEES		
				聚α烯烃和相关烃类产品	HEPR		
			液压导轨系统	HM油，并具有抗黏—滑性	HG	液压和滑动轴承导轨润滑系统合用的机床右低速下使振动或间断滑动（黏—滑）减为最小	这种液体具有多种用途，但并非在所有液压应用中皆有效
			用于使用难燃液压液的场合	水包油型乳化液	HFAE		通常含水率大于80%（质量分数）
				化学水溶液	HFAS		通常含水率大于80%（质量分数）
				油包水乳化液	HFB		
				含聚合物水溶液①	HFC		通常含水率大于35%（质量分数）
				磷酸酯无水合成液①	HFDR		
				其他成分的无水合成液①	HFDU		
		流体动力系统	自动传动系统		HA		与这些应用有关的分类尚未行详细地研究，以后可以增加
					HN		

注：①这类液体也可以满足 HE 品种规定的生物降解性和毒性要求。

液压油的黏度等级按《工业液体润滑剂 ISO 黏度分类》（GB/T3141—1994）的规定，等效采用国际标准 ISO 的分类，以40℃运动黏度的中间点黏度划分黏度等级，常用的10～150各级的中间点运动黏度及运动黏度范围见表5-2。

ISO 黏度分类　　　　表5-2

ISO黏度等级	中间点运动黏度(40℃)(mm²·s⁻¹)			ISO黏度等级	中间点运动黏度(40℃)(mm²·s⁻¹)		
	取值	最小	最大		取值	最小	最大
10	10	9.0	11.0	22	22	19.8	24.2
15	15	13.5	16.5	32	32	28.8	35.2

续上表

ISO 黏度等级	中间点运动黏度(40℃)(mm²·s⁻¹)			ISO 黏度等级	中间点运动黏度(40℃)(mm²·s⁻¹)		
	取值	最小	最大		取值	最小	最大
46	46	41.2	50.6	100	100	90	110
68	68	61.2	74.8	150	150	135	160

(四)液压油的选用

1. 液压油的选择

1)根据液压设备的工作环境和运转工况选择液压油

液压设备在不同工作环境和运转工况(压力、温度)下,可对照表5-3选择合适的液压油品种。

按环境和工况选择液压油的品种 表5-3

运转工况	压力(MPa)	<7	7~14	7~14	>14
	温度(℃)	<50	<50	50~80	>80
工作环境	温度变化不大的环境	HL	HL、HM	HM	HM
	寒区和严寒地区	HR	HV	HV、HS	HV、HS

2)根据液压泵的类型、压力和工作温度选择液压油

液压油的黏度应能保证液压系统在可能遇到的低温环境条件下工作灵敏可靠,并在高温条件下保持较高的效率。齿轮泵长期工作的最低黏度要求为 $20mm^2/s$,叶片泵约为 $10mm^2/s$,柱塞泵约为 $8mm^2/s$,黏度过低,泵磨损加剧,同时泄漏增加,效率降低;但黏度也不能太大,否则将造成起动困难。各种液压泵最大泵油黏度,齿轮泵为 $2000mm^2/s$,柱塞泵为 $1000mm^2/s$,叶片泵为 $500~700mm^2/s$。中、低压液压系统正常运转时的平均工作温度约高于环境温度 $40~50℃$,在此温度下黏度最好为 $13~16mm^2/s$,不宜小于 $10mm^2/s$;在压力大于 $40MPa$ 的超高压系统中,油温比中、低压系统高 $10℃$ 左右,黏度最好为 $20~30mm^2/s$。因此,应根据以上黏度要求选用液压油的黏度牌号。如多数汽车制造厂推荐汽车转向助力器使用 HV 或 HS 型低温液压油,最低气温在 $-10℃$ 以上地区,可全年使用 46 号液压油,最低气温在 $-20~-10℃$,可全年使用 32 号液压油,最低气温在 $-35~-20℃$,可全年使用 22 号液压油。汽车自卸机构和起重机液压系统,由于间歇工作,油温不高,选择牌号时着重考虑其低温性能,除冬季最低气温在 $-35℃$ 以下的严寒地区,都可全年使用 15 号或 22 号液压油,最低气温高于 $-10℃$,可全年使用 32 号液压油。工程机械液压系统工作持续时间长,特别是一些高性能的进口工程机械,其液压系统具有高压、低速、大转矩和大流量等特点,夏季工作温度可达 $80℃$ 以上,需选用黏度牌号较高的抗磨液压油。

2. 液压油的应用

HL 液压油为一种通用工业机床润滑油,适用于机床和其他设备有抗氧防锈要求的低压液压系统和传动装置,在 $0℃$ 以上环境下使用。

HM 液压油为抗磨型液压油,可用于低、中、高压液压系统,也可用于中等负荷机械设备

的润滑部位,适应的环境温度为 -5 ~ 60℃。

HV 液压油曾被称为工程液压油或低温抗磨液压油,广泛应用于野外和恶劣环境下工作的液压设备。通过自卸车和装载机使用试验表明,HV32 液压油在油温 -24℃ 以上起动容易。在环境温度 -30℃ 以上液压举升、转向操作灵活;HV22 液压油在油温 -31.5℃ 以上起动容易,在环境温度 -43℃ 以上液压举升、转向操作灵活,它们还具有较长的换油周期,可在寒冷地区的工程机械上使用。

液压油其他更具体的应用见表5-4。

液压油其他更具体的应用 表5-4

更具体	组成和特性	产品符号	典型应用	备 注
应用		ISO-L		
用于要求使用环境可接受液压液的场合	甘油三酸酯	HETG	一般液压系统(可移动式)	每个品种的基础液的最小含量应不小于70%(质量分数)
	聚乙二醇	HEPG		
	合成酯	HEES		
	聚 α 烯烃和相关烃类产品	HEPR		
液压导轨系统	HM 油,并具有抗黏 - 滑性	HG	液压和滑动轴承导轨润滑系统合用的机床在低速下使振动或间断滑动(黏 - 滑)减为最小	这种液体具有多种用途,但并非在所有液压应用中皆有效
用于使用难燃液压液的场合	水包油型乳化液	HFAE		通常含水率大于80%(质量分数)
	化学水溶液	HFAS		通常含水率大于80%(质量分数)
	油包水乳化液	HFB		
	含聚合物水溶液	HFC		通常含水率大于35%(质量分数)
	磷酸酯无水合成液	HFDR		
	其他成分的无水合成液	HFDU		
自动传动系统		HA		与这些应用有关的分类尚未行详细地研究,以后可以增加
		HN		

HR 液压油为在 HL 基础上改善其黏温性的润滑油,也是一种低温液压油,但在抗磨性上不及 HV 液压油,可用 HV 液压油代替。

HS 液压油以合成烃油或与精制矿物油混调的半合成油为基础油,再调入各种抗磨剂和黏度指数改进剂而成,在低温性能上优于 HV 液压油,适合在严寒地区(环境温度为 -40℃以上)野外作业的工程机械使用。

HG 液压油为在 HM 油基础上改善其黏滑性能的润滑油,它可用于液压系统和导轨润滑系统合用的机床,使导轨在低速下的振动和间歇滑动减至最小。

3.液压油使用注意事项

(1)要特别注意保持液压油的清洁,严防沙尘等固体污染物侵入,否则将显著缩短液压系统的寿命。

(2)应按液压油的换油指标换油。为此,应对在用液压油定期进行取样化验,正常使用条件下,每两个月取样一次;工作频繁、环境恶劣时,每月取样一次,不具备分析条件时,应按设备使用说明书的规定定期换油。在一般条件下,汽车和工程机械在高级维护时更换液压油。

(3)换油步骤:首先,更换液压油箱中的液压油,将油箱中的液压油放掉,并拆卸总油管,严格清洗油箱及滤油器。可先用清洁的化学清洗剂清洗,待晾干后,取用新液压油冲洗,放出冲洗油后再加入新液压油。

然后起动发动机,以低速运转,使液压泵开始动作,分别操纵各机构。靠新液压油将系统各回路的旧油逐一排出。排出的旧油不得流入液压油箱,直至总回油管有新油流出后停止液压泵转动。在各回路换油同时,应注意不断向液压油箱中补充新液压油,以防液压泵吸空。

最后将总回油管与油箱连接,将各元件置于工作初始状态,向油箱中补充新液压油至规定液位。

必须注意不同品种、不同牌号的液压油不得混用。新油在加入前和使用后,均应进行取样化验,以确保油液质量。

各类装卸机械和工程机械液压油的选择和使用,应按使用说明书的规定进行。

二、车用液力传动油

(一)液力传动油的特性

近年来,随着车型种类的不断增多,采用自动变速器的车辆以其方便、省事、轻松的驾驶感觉越来越受到人们的青睐。自动变速装置和手动变速器有所不同,其结构大致由以下部分组成。

(1)液力变矩器。其作用是将发动机传来的动力传送到传动机构,在传送过程中根据外界负荷的大小自动调节输出转矩和转速,若外界负荷剧烈变化,则对发动机起保护作用。

(2)湿式离合器和制动器。功能是把液力变矩器传来的动力传到齿轮组上。

(3)行星齿轮。用来改变传递转矩、速度和方向来满足驾驶员的操作要求。具有尺寸小、质量轻、传动比大、传动效率高、承载能力大和换挡轻便的特点。

(4)电子液压控制系统。用来控制湿式离合器的操作进而控制行星齿轮间的配合,以获得进退方向和不同的速度。

以上四部分通常是做成一体的,即自动变速装置的主要部件。

对自动变速装置来说,其变速器结构比较复杂,要想长期行驶自如,保持良好状态,定期换油和维护是必不可少的。为了实现其多种功能和多种用途,就必须使用液力传动油。液力传动油是市场上最复杂的多功能液体之一,性能要求非常全面,在传动过程中起到下列作用。

(1)分散热量。由于自动变速器结构紧凑,尺寸小,不易散热,使用液力传动油带走热量是很重要的。

(2)磨损保护。液力传动油中加有抗磨剂,对整个变速器系统起到很好的减磨保护作用。

(3)匹配的动、静摩擦特性。对液力传动油来说,摩擦特性最重要,但很难达到理想状态。它要求动摩擦因数尽可能高,静摩擦因数与动摩擦因数之比小于1.0,在全程操作温度范围内,摩擦因数尽量保持不变。

(4)高低温下的保护作用。液力传动油适用的温度范围在 -40 ~ 170℃,其倾点低,适合全国大部分地区使用。使用时高温黏度高,可以保持油膜厚度,具有很好的润滑性;同时,作为能量介质,油品必须低黏度,所以通常要求其100℃时的运动黏度为7.0 ~ 8.5mm²/s。

除以上性能外,液力传动油还必须与所有的传动部件有很好的相溶性,可以在高低温极限条件下正常操作,要长期保持正常的使用性能。同时应具有优良的抗氧化性能、稳定的耐磨性。

1.液力传动油的特点

液力传动油主要用作液力变矩器和液力偶合器的工作介质。随着汽车自动变速器制造业的发展,液力传动油也在不断地发展。由于现代汽车自动变速器(AT)中装有液力变矩器、离合器、制动器、齿轮机构、调速器和液压装置等,因此要求自动变速器油具有多方面的性能。

除了作为液力变矩器的工作介质以外,液力传动油还须满足齿轮机构的抗烧结性能及抗磨性能;作为液压介质则要求油品具有良好的低温流动性;作为离合器传递动力的工作介质则要求油品能适合离合器材质的摩擦特性、功率损失适当、温升不过高,具有较好的清净分散性。除此之外,为延长油品使用寿命,还要求油品具有良好的氧化安定性、抗泡沫性、防锈性以及与橡胶密封件的适应性等。因此,自动变速器油比一般液力传动油要求有更高的性能,液力传动油分为L-HA自动传动(变速器)油与一般液力变矩器和液力偶合器适用的L-HN液力传动油两类。

2.液力传动油在自动变速器中须满足的要求。

根据液力传动油的作用和所处工作环境的特点,要求其在自动变速器工作时必须要满足如下要求。

(1)适度的黏度、起泡程度。由于传递效率与油的黏度、起泡程度有关,所以要求油的黏度、起泡程度要合适。

(2)抗氧化性能要求高。液力传动油在自动变速器工作时,系统内部工作温度可达70 ~ 170℃,油的流速可达20m/s,并且不断与有色金属、空气相接触,所以油的抗氧化性能要求高。

(3)具有一定的润滑性能。液力传动油在系统工作时,系统内的轴承、齿轮等摩擦副也需用液力传动油进行润滑,因此要求液力传动油具有一定的润滑性能。

(4)密度大。随着现代自动变速器技术的进步,其整体尺寸不断缩小,但同时又必须保证其转速和传递功率保持不变,因此,液力传动油的密度越大越好。

(二)液力传动油的性能指标

液力传动油的优劣,对液力传动装置的工作和性能有着至关重要的影响,评价其性能主要有以下指标。

1. 黏度

液力传动油的使用温度为 -40~170℃,范围很宽。又因自动变速器对其工作油的黏度极其敏感,所以黏度是液力传动油重要的特性之一。不同种类变速器所需要的液力传动油黏度也不相同,因此不能随意地更换用于汽车自动变速器中的液力传动油,避免液力传动油黏度与自动变速器要求不适应,导致不良反应出现。当使用的液力传动油黏度偏大时,不仅影响液力变矩器的效率,而且可能造成汽车低温起步困难;当使用的液力传动油黏度偏小时,会导致液压系统的泄漏增加。特别是变速器在高速工作时,铝制壳体膨胀量大,此时黏度小则可能引起换挡不正常。

2. 热氧化安定性

液力传动油的热氧化安定性在使用中非常重要。和润滑油一样,热氧化安定性直接决定着液力传动油的使用寿命和自动变速器的使用寿命。因为液力传动油的工作温度很高,如果热氧化安定性不好,就会导致油泥、清漆、积炭及沉淀物等的形成,从而造成离合器和制动器打滑,控制系统失灵等故障发生。

3. 抗泡沫性

自动变速器中的液力传动油产生泡沫对传动系统危害很大。目前普遍采用的液力变矩器和变速器是同一油路系统供油的,因此它既是变矩器传递功率的介质,又是变速器自动控制的介质和润滑冷却的介质。泡沫可导致变矩器传递功率下降,泡沫的可压缩性导致液压系统压力波动和油压下降,严重时可使供油中断。油中混入大量空气,实际是减少了润滑油量。这些气泡在压缩过程中,温度升高,又加速了油品老化,影响了油品使用寿命,且导致机件早期磨损。

4. 抗磨性能

只有良好的抗磨性能才能满足行星齿轮中各齿轮传动、离合器和制动器工作效能和自动变速器使用寿命的要求。

5. 与系统中橡胶密封材料的匹配性

目前自动变速器中多使用丁腈橡胶、丙烯橡胶及硅橡胶等,要求液力传动油不能使其有太明显的膨胀,也不能使之硬化变质。

6. 摩擦特性

摩擦特性即是换挡性能,是保证传动齿轮各件工作平顺的关键,并能降低噪声,延长寿命。

7. 防腐性能

在传动装置和冷却器中安装有铜插头、黄铜轴瓦、黄铜滤清器及止推垫圈等部件。这些部件中均含有大量的有色金属,因此液力传动油必须要保证不会引起铜腐蚀和其他金属生锈。

8．储存安定性

液力传动油在一定温度范围内和一定时间内应该保证均相、没有分解，而且液力传动油各成分不应该出现分层或析出等现象。

(三)液力传动油的分类与规格

在 ISO 6743/A 分类标准中,把液力传动系统工作介质分为 HA 油(适用于自动传动装置)和 HN 油(适用于功率转换器)两类。美国材料试验学会(ASTM)和石油学会(API)的分类方案是将液力传动油分为 PTF-1、PTF-2 和 PTF-3 三类,见表5-5。

国外液力传动油的分类

表5-5

分　　类	符 合 的 规 格	应　　用
PTF-1	通用汽车公司 GM Dexron； 福特汽车公司 Ford $M_2C_{33}F$； 克来斯勒 Chrysler MS-4228	轿车、轻型载货汽车自动传动油
PTF-2	通用汽车公司 TRUCK,COACH； 阿里森 ALLISION　C-2	履带车、农业用车、越野车的自动传动油
PTF-3	约翰·狄尔 JOHN DEERE J-20A； 福特汽车公司 $M_2C_{41}A$； 玛赛－福格森 MASSEY FERGUSON　M1135	农业与建筑野外机器用液力传动油

PTF-1 类油主要用于轿车和轻型载货汽车的液力传动系统。其特点是低温起动性好,对油的低温黏度及黏温性有很高的要求。典型的品种是美国通用汽车公司 GM Dexron 或 GM Dexron Ⅱ(其前身叫 A 型油),后者低温黏度要求更严,氧化安定性及耐久试验条件也较前者苛刻。福特汽车公司的 F 型油,现在的产品编号是 Ford $M_2C_{33}E/F$。F 型油静摩擦因数较大,不加油性剂。进口轿车推荐用 A 型油或 F 型油的,要区别选用。

PTF-2 类油主要用于重负荷的液力传动系统,如重型载货汽车、大型客车、越野车和工程机械的自动变速器。其特点是适于在重负荷下工作,对极压抗磨性的要求很高。现在典型的品种是通用公司的阿里森 C-3(GM Allison C-3)。

PTF-3 类油是随着全液压拖拉机的发展而生产的,主要功能是作传动、差速器和最后驱动齿轮的润滑,以及液压转向、制动、分动箱和悬架装置的工作介质。典型的品种有约翰·狄尔(John Deere)J-20A、福特 $M_2C_{41}A$、玛赛－费格森(Massey-Ferguson)M-1135。这类油的特点是适合在中低速下运转的拖拉机及野外作业的工程机械液力传动系统和齿轮箱中使用,其极压抗磨性和负荷承载能力比 PTF-2 类油的要求更严格。

我国目前尚未制定液力传动油详细分类的国家标准,现有产品按中国石油化工总公司企业标准有6号普通液力传动油和8号液力传动油两种;另有一种拖拉机传动、液压两用油。

8 号液力传动油(Q/SH 003.01.012—1988)是以润滑油馏分经脱蜡、深度精制并加入增黏、降凝、抗氧、防腐、防锈、油性、抗磨、抗泡等多种添加剂而制成的液力传动油,外观为红色透明体,适用于各种具有自动变速器的汽车。它接近于 PTF-1 级油,见表5-6。

8号液力传动油　　　　　　　　　　　　　　　　表5-6

项　　目	质 量 指 标		试验方法
	6 号	8 号	
运动黏度(100℃),(mm²·s⁻¹)	6.5 ~7.0	7.5 ~9.0	GB/T 265
黏度指数　　　　　不小于	100	200	GB/T 2541
凝点(℃)　　　　　不高于	− 20	− 25	GB/T 510
水分	无	无	GB/T 260
闪点(开口)(℃)　　不低于	180	150	GB/T 267
机械杂质(%)	无	无	GB/T 511
水溶性酸或碱		无	GB/T 259
铜片腐蚀(100℃,3h)(级)　不大于	1	1	GB/T 5096
泡沫性(93℃)(mL/mL)	报告	报告	GB/T 12579
最大无卡咬负荷(P_B)(N)	报告	报告	GB/T 3142

6号普通液力传动油(Q/SH 003.01.012—1988)是以深度精制的石油馏分,加入抗氧、抗磨、防锈、降凝、抗泡等添加剂调制而成,适用于内燃机车、载货汽车的液力变矩器,它接近于PTF-2级油。

拖拉机传动、液压两用油(Q/SH 007.1.23—1987)是由深度精制的中性油加入多种添加剂调制而成,按40℃运动黏度中心值划分有68、100和100D三个牌号,适用于国产及进口拖拉机、工程机械和车辆,作为液压系统的工作介质和齿轮传动机构的润滑油,其规格见表5-7。

拖拉机传动、液压两用油　　　　　　　　　表5-7

项　　目	质 量 指 标			试验方法
	68	100	100D	
运动黏度(mm²·s⁻¹)	61.2 ~74.8	90 ~110	90 ~110	GB/T 265
40℃	74.8			
100℃		报告		
黏度指数　　　　　不小于	130	90	90	GB/T 1995
闪点(开口)(℃)　　不低于	200	200	200	GB/T 267
凝点(℃)　　　　　不高于	− 33	− 16	− 33	GB/T 510
铜片腐蚀试验(100℃,3h)(级)　不大于	1	1	1	GB/T 5096
液相锈蚀试验(蒸馏水)	无锈	无锈	无锈	GB/T 11143
水分(%)　　　　　不大于	痕迹	痕迹	痕迹	GB/T 260
机械杂质(%)　　　不大于	0.01	0.01	0.01	GB/T 511
最大无卡咬负荷(P_B)(N)　不小于	833.5	(85)	833.5	GB/T 3142
磨损直径(294N,60min)(mm)　不大于	0.5	0.5	0.5	
泡沫性(泡沫倾向/泡沫稳定性,93℃)(mL/mL)　不大于	100/10	100/10	100/10	GB/T 12579
防锈试验　　　　　不大于	10	10	10	GB/T 11143

注:100适用于南方地区,68和100D适用于北方地区。

(四)液力传动油的选择与使用

液体传动是以液体为传动介质,利用液体的压力能或动能来传递和转换能量。液体传动分为:利用密闭容积内的液体静压力传递和转换能量的液压传动,借助液体的运动能量来实现传递动力的液力传动。两者所使用的工作介质分别称为液压油和液力传动油。

在液体传动中的工作介质,除了传递和转换能量及进行控制的功能以外,在系统构成和工作条件一定的情况下,还要求这些工作介质具有必要的润滑性,以便充分地润滑各液压元件的摩擦副,尽可能降低其摩擦与磨损。在使用水基工作介质及周围环境介质中存在水分、氧等因素影响的场合下,还需要具有一定的防锈性和抗乳化性等。此外,还要注意特殊工况下的抗燃及低凝固点等方面的影响。

1. 液力传动油的选择

选择液力传动油时,应根据所使用的液力传动结构的特点,结合液力传动油类型进行相应的选择。

1)液力传动油的选择原则

自动变速器的工作特点要求液力传动油必须具有较高的品质。自动变速器油的型号很多,各国的用油规定也不同,一般应按汽车使用说明书的规定选用。我国一般使用兰州、上海炼油厂生产的液力传动油,按其100℃运动黏度分为6号、8号两种规格,其中6号液力传动油用于内燃机车或载货汽车的液力变矩器,8号液力传动油用于各种轿车、轻型客车的液力自动变速器。目前世界各国普遍使用美国生产的自动变速器油,主要有通用公司生产的Dexron、Dexron I、Dexron II型和福特公司生产的E、F型。我国部分国产汽车和进口汽车多用美国通用公司生产的Dexron II型和福特公司生产的F型自动变速器油。

自动变速器油的型号不同,其摩擦因数也不同。因此,既不能错用,也不能混用。如果规定使用Dexron II型自动变速器油而错用了福特F型自动变速器油,会使自动变速器发生换挡冲击和制动器、离合器突然啮合的现象;反之,规定用福特F型自动变速器油而错用了Dexron II型自动变速器油,则会出现自动变速器的离合器、制动器打滑,加速摩擦片的早期磨损。

2)液力传动油使用注意事项

(1)注意保持油温正常。长时间重载低速行驶,将使油温上升,加速油的氧化变质,生成沉积物和积炭,阻塞细小的通孔和油液循环的管路,这又使自动变速器进一步过热,导致变速器损坏。

(2)经常检查油平面。车辆停在平地上,发动机保持运转,油应处在正常工作温度下(如果车辆在长途行驶或拖带挂车后,要在过半小时后检查),此时油平面应在自动变速器量油尺上下刻线之间(如果分冷、热刻线,则以热刻线为准),不足时应及时添加。如液面下降过快,可能有漏液,应及时予以排除。

(3)按车辆使用说明书的规定更换液力传动油和滤清器(或清洗滤网),同时拆洗自动变速器油底壳,并更换其密封垫。

(4)在检查油面和换油时,注意油液的状况。在手指上涂上少许油液,用手指互相摩擦看是否有渣粒存在,并从量油尺上嗅闻油液气味,通过对油液的外观检查,可反映部分问题。

（5）传动油是一种专用油品，加有染色剂，系红色或蓝色透明液体，绝不能与其他油品混用，同牌号不同厂家生产的也不宜混兑使用，以免造成油品变质。

2. 自动变速器油的检查与更换

1）自动变速器油的检查

（1）油面高度的检查。自动变速器的生产厂不同，油面高度的检查条件也不同，油尺的刻度标准也不完全相同。检查时一般都要求：自动变速器处于热状态（油温为 70～80℃），汽车停放在水平路面上并拉紧驻车制动器操纵杆，发动机怠速运转。踩下制动踏板，将自动变速器的选挡操纵手柄在各挡位轮换停留短时间，使油液充满液力变矩器和所有执行元件，然后将发动机熄火，将选挡操纵手柄拨至停车挡（P）位置。此时抽出油尺，用干净的抹布擦净后重新插入，再拔出检查，油面高度以达到油尺上规定的上限刻度附近为准。需要注意的是，油尺上的冷态范围（COOL）用于常温下检测，只能作为参考，而热态范围（HOT）才是标准的。如果超出允许范围，则需添加或排出部分油液。

（2）油质的检查。正常的自动变速器油清澈略带红色，且无异味。如果使用不当，容易出现油液变质，因此，必须加强对油液品质的检查。油液品质的检查，可用检测仪器进行检查。无检测设备时，可从外观上判断，如用手指捻一捻油液，感觉一下黏度，用鼻子闻一闻有无特殊的气味。若发现油液变质，应及时换用新油。根据使用的经验，自动变速器油液品质变化与其故障原因对应关系见表 5-8。

自动变速器油液品质变化与其故障原因对应关系 表 5-8

自动变速器油液品质变化	自动变速器油液晶质变化的原因
颜色发白、浑浊	水分已进入油中
黑色、发稠，油尺上有胶质油膏	自动变速器油油温过高
深褐色、棕色	油液使用时间过长；长期高负荷运转，或某些部件打滑、损坏，引起自动变速器过热
油液中出现固体残渣	离合器片、制动带和单向离合器磨损严重
油液中有烧焦味	油温过高，油面过低；油冷却器、滤清器或管路堵塞

（3）油温和通气管的检查。油温是影响自动变速器油和自动变速器使用寿命的一个重要因素。油温过高将使油液黏度下降，性能变坏，产生油膏沉淀物和积炭，堵塞细小孔道，阻滞控制滑阀，降低润滑、冷却效果，破坏密封件等，最终导致故障。而影响油温的主要因素有液力变矩器故障、离合器与制动器打滑或分离不彻底、单向离合器打滑及油冷却器堵塞等。因此，驾车时必须按规定正确操纵自动变速器，保证自动变速器技术状况良好。行车途中应注意检查自动变速器壳体的温度是否正常，若发现温度过高，应立即停车检修。

因自动变速器过热而引起自动变速器油变质时，应首先检查油面高度是否合适。若油面高度合适仍过热，则应更换自动变速器油；若换油不能奏效，就需要检查管路是否堵塞；若仍然难以奏效，那就需要全面检修自动变速器。

此外，还应注意检查自动变速器壳体上的通气管是否畅通，以防被污泥堵塞，不利于变速器内气压平衡，这一点往往被驾修人员所忽略。

2）自动变速器油的更换

自动变速器油都有一定的使用期限，当达到这个期限时，油品就不能很好起到润滑作用,所以应定期更换。通常每行驶1万km应检查油面,每行驶4万~6万km或2年应更换油液(具体按厂家规定)。对于长期在苛刻条件下使用的车辆,应加强检查,并根据检查情况适当缩短换油周期。

换油时,应先放掉旧油。而在放油前应先行驶车辆,使自动变速器油预热到正常工作温度(70~80℃),以便降低油的黏度(确保油内杂质和沉淀物随油一起排出),然后停车熄火,将汽车停放在水平路面上,选挡操纵手柄拨至停车挡(P)位置,并拉紧驻车制动器操纵杆。拆下自动变速器油底壳上的放油螺塞,将油底壳内的油液放净,视情况拆下油底壳,彻底清洗油底壳和滤清器滤网,并将自动变速器油冷却器用汽油冲洗干净,然后再将油底壳和放油螺塞装好。

加油时,先从自动变速器加油口注入规定牌号的自动变速器油至规定的油面高度(因加入的是新油,温度较低,油面高度应在油尺刻度线的下限附近)。起动发动机,在发动机怠速运转情况下,移动选挡操纵手柄经所有挡位后回到停车挡(P)位置,此时如油面低,应继续加油至规定油面高度。最后,让汽车行驶至发动机和自动变速器达到正常工作温度,再次检查热状态时油面高度是否在油尺刻度线的上限附近,并调整油面高度。如果加油时不慎使油面高于规定的高度,这时不应勉强使用,而应该拧开放油螺塞进行放油;如没有放油螺塞,可从加油口处用吸管或其他器具吸出。

自动变速器油量的多少,对其使用性能和使用寿命均有较大影响,因此,加入自动变速器的油量必须符合标准。若油面低于标准,油泵会吸入空气,导致空气混入工作液,降低液压系统的工作压力,使各控制滑阀和执行元件动作失准,操纵失灵,使离合器、制动器的摩擦材料早期磨损,同时还会加速自动变速器油的氧化变质。当油面过低时,由于运动件得不到充分可靠的润滑,就有可能因过热而引发运动件卡滞及产生噪声。当油面过高时,会由于机械搅拌而产生大量泡沫,这些泡沫进入液压控制系统,会引发与油面过低同样的问题。如果控制阀体浸没于自动变速器油中,则液压管路中的离合器、制动器的泄油口会被自动变速器油阻塞,施加于离合器、制动器的油压就不能完全释放或释放速度太慢,使离合器、制动器动作迟缓。在坡路上行驶时,由于过多的油液在油底壳中晃动,可能从加油管往外窜油,容易引起发动机罩下起火。

技能实训

(一)液力传动油的检查

1. 油面高度的检查

生产厂家不同,自动变速器油(ATF)油面高度的检查条件以及油尺的刻度标准也不完全相同。一般都要求:

(1)ATF处于热态(油温为80℃左右),汽车停放在水平路面并拉紧驻车制动器操纵杆,发动机怠速运转。

(2)踩下制动踏板,将自动变速器的选挡操纵手柄在各挡位轮换停留几秒,使油液充满液力变矩器和所有执行元件,然后将发动机熄火,将选挡操纵手柄拨至停车挡(P)位置,如

图 5-1 所示。

（3）此时抽出 ATF 油尺，用干净的抹布擦净后重新插入，再拔出检查，ATF 油面高度应处于油尺上规定的热态（HOT）上限刻度和下限刻度之间（图 5-2）。

图 5-1 将选挡操纵手柄拨至
停车挡（P）位置

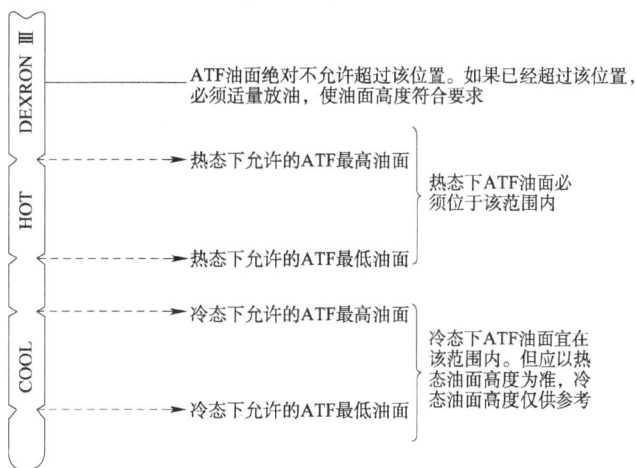

DEXRON Ⅲ — ATF油面绝对不允许超过该位置。如果已经超过该位置，必须适量放油，使油面高度符合要求

HOT — 热态下允许的ATF最高油面 } 热态下ATF油面必须位于该范围内
— 热态下允许的ATF最低油面

COOL — 冷态下允许的ATF最高油面 } 冷态下ATF油面宜在该范围内。但应以热态油面高度为准，冷态油面高度仅供参考
— 冷态下允许的ATF最低油面

图 5-2 ATF 油尺及油面高度检查

2.油质的检查

正常的 ATF 清澈纯净，呈红色，且无异味。使用不当，易使油液变质。

ATF 油液品质的检查，可用检测仪器进行检查。如无检测设备时，可从外观上加以判断，用手指捻液，感觉油品的黏度及是否有杂质，用鼻子闻一闻是否有焦煳味。

ATF 的污浊度可以直接由油品颜色的变化上观察出来，其颜色变化规律一般为：红→浅褐→深褐→暗红→黑。油液品质越差，则颜色越深、越暗。

图 5-3 所示的 ATF 呈现深褐色，发黑，发暗，已经不能继续使用；图 5-4 所示的 ATF 浑浊不清，颜色发白，说明水分已进入油中，必须及时更换同牌号的新油。

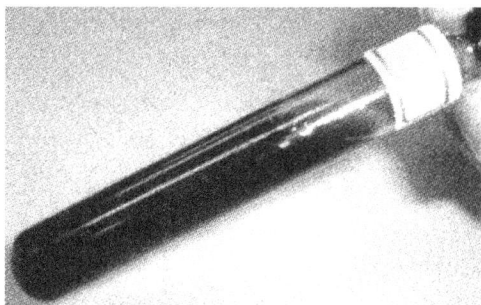

图 5-3 废油的颜色（ATF 呈现深褐色，发黑）

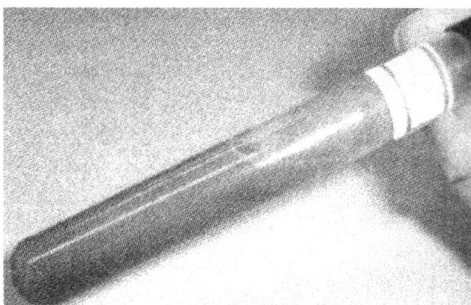

图 5-4 混入水分的 ATF（浑浊不清，颜色发白）

3.油温的检查

若油温过高，首先检查油面高度是否合适。若油面高度合适但仍过热，则需要检查 ATF 冷却器及管路是否堵塞。若 ATF 油循环正常，无堵塞或泄漏现象，则可更换 ATF；若换油仍不能奏效，则需对自动变速器进行全面检修。

(二)液力传动油的更换

ATF换油周期应以汽车使用说明书的规定为准。大众、福特、本田、雪铁龙车系一般每6万km更换ATF;丰田车系一般每4万km更换ATF;个别高端车型的ATF换油周期可长达12万km,甚至可以永久使用,终身无须更换。

1. ATF的常规更换

换油时,应先放掉旧油。在放油前行车预热使ATF到正常温度(70~80℃),水平路面停车熄火,选挡操纵手柄拨至驻车挡(P)位置,并拉紧驻车制动器操纵杆。

拆下放油螺塞,将油液放净,视情况拆下油底壳,清洗油底壳和滤清器滤网,将ATF冷却器冲洗干净,再将油底壳和放油螺塞装好。

从加油口注入规定牌号的ATF至规定的油面高度(在油尺刻度线的下限附近)。然后起动发动机保持怠速运转,移动选挡操纵手柄经所有挡位后回到驻车挡(P)位置,检查并加油至规定的油面高度。最后,行车至ATF达到正常工作温度,检查热态时ATF油面高度,并调整至规定值。

2. ATF的彻底更换

操作方法如下:

(1)需要换油时,将ATF等量自动换油机连上电源,使用配套的接头将自动换油机和自动变速器冷却器管路相接。

(2)加入自动变速器清洗剂(图5-5),在发动机怠速状态下,踩住制动踏板,逐一更换自动变速器的各个挡位,使自动变速器清洗剂在变速器油路内做充分的循环清除有害物质。

(3)利用ATF等量自动换油机(图5-6)彻底抽出旧油(脏油),注入等量的新油即可。

图5-5　自动变速器清洗剂　　　图5-6　ATF等量自动换油机

模块小结

(1)液压油的使用性能要求:保持液压油的不可压缩性,良好的流动性,良好的剪切稳定性,良好的抗磨性,良好的氧化安定性。

(2)液压油的使用性能评定:密度和重度,液体的可压缩性,黏度特性,其他特性。

(3)液压油的选择:根据液压设备的工作环境和运转工况选择液压油,根据液压泵的类型、压力和工作温度选择液压油。

（4）液压油使用注意事项：要特别注意保持液压油的清洁,应按液压油的换油指标换油,按步骤换油。

（5）液力传动油在传动过程中起到下列作用：分散热量,磨损保护,匹配的动、静摩擦特性,高低温下的保护作用。

（6）液力传动油在自动变速器中须满足的要求：适度的黏度,抗氧化性能要求高,具有一定的润滑性能,密度大。

（7）液力传动油的性能指标：黏度、热氧化安定性、抗泡沫性、抗磨性能、与系统中橡胶密封材料的匹配性、摩擦特性、防腐性能、储存安定性。

（8）液力传动油的分类与规格：美国将液力传动油分为 PTF-1、PTF-2 和 PTF-3 三类。

（9）PTF-1 类油主要用于轿车和轻型载货汽车的液力传动系统。其特点是低温起动性好,对油的低温黏度及黏温性有很高的要求。

（10）PTF-2 类油主要用于重负荷的液力传动系统。

（11）PTF-3 类油是随着全液压拖拉机的发展而生产的,主要功能是作传动、差速器和最后驱动齿轮的润滑,以及液压转向、制动、分动箱和悬架装置的工作介质。

（12）我国目前有 6 号普通液力传动油和 8 号液力传动油两种。

（13）8 号液力传动油接近于 PTF-1 级油。

（14）6 号普通液力传动油接近于 PTF-2 级油。

（15）选择液力传动油时,应根据所使用的液力传动结构的特点,结合液力传动油类型进行相应的选择。

（16）自动变速器油的型号不同,其摩擦因数也不同。因此,既不能错用,也不能混用。

（17）液力传动油使用注意事项：注意保持油温正常;经常检查油平面;按说明书的规定换油和滤清器,同时拆洗自动变速器油底壳,并更换其密封垫;在检查油面和换油时,注意油液的状况;传动油绝不能与其他油品混用。

（18）自动变速器油的检查：油面高度的检查,油质的检查,油温和通气管的检查。

思考与练习

（一）单项选择题

1．液压油的使用性能有两个最基本的要求（　　　）。
　　A. 不可压缩性和流动性　　　　　　B. 不可压缩性和抗剪切性
　　C. 空气释放性和黏温性　　　　　　D. 起泡性和黏温性

2．空气在矿物油中的溶解度约为（　　　）（体积分数）。
　　A. 7%　　　　　　B. 8%　　　　　　C. 9%　　　　　　D. 10%

3．液压油在35MPa 以下的压力范围,每升高7MPa,体积仅（　　　）0.5%。
　　A. 增大　　　　　　　　　　　　　B. 缩小

4．L-HL 是哪种液压油？（　　　）
　　A. 无抗氧剂的精制矿油　　　　　　B. 精制矿油,并改善其防锈性和抗氧性
　　C. 改善其抗磨性的 HL 油　　　　　D. 改善其黏温性的 HL 油

5. L-HR 是哪种液压油？（　　　　）

  A. 无特定难燃性的合成液   B. 具有黏 – 滑性的 HM 油

  C. 改善其抗磨性的 HL 油   D. 改善其黏温性的 HL 油

6. L-HA 是（　　　　）液力传动油。

  A. 自动传动变速器油   B. 一般液力变矩器和液力偶合器适用的液力传动油

7. PTF-1 是（　　　　）车适用的液力传动油。

  A. 轿车、轻型载货汽车   B. 履带车、农业用车、越野车

  C. 农业与建筑野外机器   D. 以上说法均正确

（二）判断题

1. 为了保持液压油的不可压缩性，一要尽量防止空气混入液压系统，二是加入抗泡剂。

                     （　　　）

2. 低温下使用的液压油应深度脱蜡，并加入即降凝剂或用合成烃油作为基础油。

                     （　　　）

3. 在精度要求很高的随动系统中，油液的流动性会影响它的运动精度。 （　　　）

4. L-HV 液压油被称为高温抗磨液压油。   （　　　）

5. 液力传动油中加有抗磨剂，对整个变速器系统起到很好的减磨保护作用。（　　　）

6. 液力传动油适用的温度范围在 –40 ~ 170℃，适合全国大部分地区使用。（　　　）

7. 8 号液力传动油外观为橘红色透明体，适用于各种具有自动变速器的汽车。（　　　）

（三）简答题

1. 液压油的使用性能要求有哪些？

2. 液压油的使用性能评定有哪些？

3. 液压油的选择依据有哪些？

4. 液压油使用注意事项有哪些？

5. 液力传动油在传动过程中起到哪些作用？

6. 如何选择液力传动油？

7. 液力传动油的使用注意事项有哪些？

模块六 制 动 液

制动液俗称刹车油,是机动车液压制动系统所采用的传递压力的工作介质。

一、制动液的使用性能及评定指标

1. 运动黏度

制动液的工作温度范围很广。低温时,制动液黏度增大,流动性变差;随着车速的提高,制动液高温可到 150℃ 以上。为了保证制动液在低温时制动油缸活塞能对踏板运动灵活响应,在高温时又有合适的黏度,要求制动液有良好的低温流动性和黏温性。运动黏度用 -40℃ 最大运动黏度和 100℃ 最小运动黏度作为评定指标。

2. 高温抗气阻性

汽车在高温环境下行驶易导致制动液温度升高;汽车在复杂路面行驶,制动频率高易导致制动液温度升高。制动液的沸点越低越易蒸发,产生气阻,导致制动失灵。因此,要求制动液有良好的高温抗气阻性。用平衡回流沸点和湿平衡回流沸点作为制动液高温抗气阻性的评定指标。

平衡回流沸点又称为干沸点,是指在规定环境下(冷凝回流系统内与大气平衡条件下)制动液试样沸腾的温度。该指标反映未吸收水分的制动液中各组成原料的沸点高低。平衡回流沸点越高,制动液的高温抗气阻性越好。具有良好高温性能的制动液需满足平衡回流沸点和湿平衡回流沸点两个都高的条件。如若只是平衡回流沸点高,制动液不一定具有良好的高温性能。

湿平衡回流沸点又称为湿沸点,是指制动液在规定的试验条件下(加入湿度控制液或蒸馏水),制动液吸收水分后测得的平衡回流沸点值。现在汽车采用的大多是合成制动液,合成制动液在使用过程中极易吸收空气中的水分,湿平衡回流沸点可以衡量制动液在使用中吸水后,制动液的耐高温性能。

3. 液体稳定性

通过制动液的高温稳定性和化学稳定性来评价制动液的稳定性。将制动液加热到185℃±2℃,恒温2h,测定平衡回流沸点,评价高温稳定性;将制动液与相溶性试验液标准样品混合,测定平衡回流沸点,评价化学稳定性;平衡回流沸点的变化差值越小,制动液的稳定性越好。

4. 金属腐蚀性

在汽车液压制动系统零部件中应用了钢、铸铁、铜、锌、铝等金属材料和橡胶制品(皮碗),要求制动液对金属和橡胶腐蚀性小,不损坏制动系统的金属零部件和橡胶部件。

测量制动液金属腐蚀性的方法是:将规定的7种金属片和皮碗用含水制动液淹没,放入100℃烘箱中,保持120h,冷却后,检查金属片的外观和质量变化,检查皮碗外观、测量皮碗的硬度和皮碗的根部直径增值,观察试验后液体有无沉淀、分层等变化。

5. 流动性

汽车制动液在一定的温度范围内具有流动的特性。气温降低,制动液黏度增大,流动性变差,就会影响制动压力的准确传递。评定汽车制动液流动性的主要指标是-40℃时的最大运动黏度和100℃时的最小运动黏度。

6. 蒸发性

制动液的蒸发性是将规定量的制动液在100℃下恒温放置168h,测量蒸发损失质量分数,通过这个数值来反映制动液的蒸发性。损失量越大,制动液越容易蒸发,制动液的使用寿命就越短,制动液在高温使用时就越不可靠。因此制动液的蒸发性是衡量制动液高温性能的一个重要指标。

7. 溶水性

制动液的溶水性是指制动液能与水互溶,并且互溶后不分离和不沉淀。制动液中含有水分使制动液的流动性变差,还会造成制动系统内部锈蚀,因此制动液要经过溶水性试验,尽量减少水对制动液的影响。

8. 抗氧化性

汽车制动液抵抗氧化衰变的能力称为抗氧化性。制动液抗氧化性越好,则越不容易被氧化变质,保质期和使用期就越长。制动液的化学成分和使用条件影响制动液的抗氧化性能。

9. 与橡胶配伍性

制动系统中有很多零部件是橡胶制品,要求制动液对橡胶无溶胀作用,以保证良好的制动效果。若制动液对橡胶有溶胀作用,这些零部件体积会变形,软硬度也会发生变化,造成制动液渗漏,甚至制动失灵。因此制动液必须通过皮碗试验,试验中将橡胶皮碗或橡胶件浸入制动液中,在规定温度下(70℃和120℃),保持70h±2h后,要求皮碗不蜕皮、不鼓泡、无炭黑析出,制动液无分层沉淀,并且皮碗根径增值、橡胶试件体积变化分数、皮碗的硬度降低值都在规定范围内。

二、制动液的分类及规格

根据制动液配置原料的不同,将制动液分为醇型、矿物油型及合成型3种类型。

1. 醇型制动液

醇型制动液是用45%～55%的精制蓖麻油和45%～55%的低碳醇(乙醇或丁醇)调制而成。醇型制动液是无色或浅黄色清亮透明液体,主要有醇型1号(蓖麻油＋乙醇)和醇型3号(蓖麻油＋丁醇)两种。经实验观察发现,醇型1号在－25℃时、醇型3号在－28℃时,都有乳白色胶状物析出,容易沉淀,随着温度降低,沉淀越加严重,极易导致制动系统堵塞,为了改善这种情况加入甘油进行调整。醇型1号沸点低,在45℃以上时出现乙醇蒸气,产生气阻,影响制动效果。醇型3号在皮碗试验中发现,制动液颜色稍变深,皮碗就有溶胀腐蚀现象。

醇型汽车制动液优点是原料取材容易、制造工艺简单、有良好的润滑性且成本低廉。缺点是低温流动性差,会分层、沉淀,极易导致制动沉重甚至制动失灵;沸点低,高温易产生气阻,影响制动效能。目前,醇型制动液已被淘汰。

2. 矿物油型制动液

矿物油型制动液是用C12～C19异构烷烃、烷烃组分(精制的轻柴油馏分经深度脱蜡所得)和添加剂(稠化剂、抗氧剂、助剂)调配所制成的。依据运动黏度可分为7号矿物油型制动液和9号矿物油型制动液。

矿物油型制动液的优点是温度范围广(－50～150℃)、润滑性好、低温流动性好、不腐蚀金属;缺点是对橡胶制品有溶胀作用。矿物油型制动液适合应用于橡胶零部件耐油的制动系统。

我国矿物油型制动液采用的是企业标准,没有统一质量标准,具体的规格指标见表6-1。

矿物油型制动液标准 表6-1

项 目		质 量 指 标	
		7号	9号
外观		红色透明	
初馏点(℃)		不低于210	
运动黏度(mm²/s)	50℃	7～9	9～11
	－20℃	无	
	－40℃	不大于700	
闪点(开口)(℃)		不低于100	
机械杂质		无	
水分		无	
酸值(KOH)(mg/g)		小于0.10	
腐蚀量(100℃,120h,铜、铸铁、铅、钢4种金属片)(mg/cm²)		小于0.1	
皮碗质量增加率(70℃,24h)(%)		0～5	

3. 合成型制动液

合成型制动液是在醇、醚、酯的有机溶剂中加入防腐、防锈、防橡胶溶胀等添加剂制成的。目前应用最为广泛的是基于聚二醇醚制成的制动液。国际标准化组织规定制动液分为 DOT3、DOT4、DOT5 三种类型;我国也制定了具体的制动液标准,经过多次修订,目前采用的是 2012 年颁发的合成制动液国家标准《机动车辆制动液》(GB 12981—2012),将合成制动液分为 HZY3、HZY4、HZY5 三类,分别对应 DOT3、DOT4、DOT5。GB12981—2003 对合成制动液从外观、运动黏度、高温抗气阻性、pH 值、金属腐蚀性、低温流动性和外观、蒸发性、溶水性、液体相容性、液体稳定性、抗氧化性、与橡胶配伍性、形成模拟性能等 14 个技术指标进行了说明,部分指标参见表 6-2。

机动车辆制动液的技术要求和试验方法　　　　　　　　　　　　　　　　表 6-2

项　　目		质　量　标　准			
		HZY3	HZY4	HZY5	HZY6
外观		清亮透明,无悬浮物、杂质及沉淀			
运动黏度(mm²/s)	100℃,不小于	1.5	1.5	1.5	4.5
	−40℃,不大于	1500	1500	900	750
高温抗气阻性	平衡回流沸点(ERBP,℃,不低于)	205	230	260	250
	湿平衡回流沸点(WERBP,℃,不低于)	140	155	180	165
pH 值		7.0～11.5			
液体稳定性[ERBP 变化(℃),不大于]	高温稳定性(185℃±2℃,120min±5min)	±5			
	化学稳定性	±5			
溶水性(22h±2h)	−40℃(外观)	清亮透明均匀			
	−40℃(气泡上浮至液面的时间,s,不大于)	10			
	−40℃(沉淀)	无			
	60℃(外观)	清亮透明均匀			
	60℃(试液中沉淀物体积分数,%,不大于)	0.05			
液体相溶性(22h±2h)	−40℃±2℃(外观)	清亮透明均匀			
	−40℃±2℃(沉淀)	无			
	60℃±2℃(外观)	清亮透明均匀			
	60℃±2℃(沉淀量)(体积分数,%,不大于)	0.05			

项 目		质 量 标 准			
		HZY3	HZY4	HZY5	HZY6
外观		清亮透明,无悬浮物、杂质及沉淀			
抗氧化性 (70℃±2℃,168h±2h)	金属片外观	无可见坑蚀和点蚀或出现色斑,允许痕量胶质沉积,允许试片脱色			
	铝片(质量变化,mg/cm²,不大于)	±0.05			
	铸铁片(质量变化,mg/cm²,不大于)	±0.3			
对金属的腐蚀性(100℃±2℃,120h±2h),试验后金属片质量变化(mg/cm²)	镀锡铁皮、钢、铸铁(质量变化,mg/cm²,不大于)	±0.2			
	黄铜、紫铜、锌(质量变化,mg/cm²,不大于)	±0.4			
	铝(质量变化,mg/cm²,不大于)	±0.1			
低温流动性和外观	-40℃±2℃(外观)	清亮透明均匀			
	-40℃±2℃(气泡上浮至液面的时间,s,不大于)	10			
	沉淀物	无			
	-50℃±2℃(外观)	清亮透明均匀			
	-50℃±2℃(气泡上浮至液面的时间,s,不大于)	35			
	沉淀物	无			
蒸发性能 (100℃±2℃,168h±2h)	蒸发损失(%,不大于)	80			
	残余物性质	用指尖摩擦时,沉淀中不含颗粒性砂粒和磨蚀物			
	残余物倾点(℃,不大于)	-5			
橡胶件的适应性	丁苯橡胶(SBR) 皮碗根径增值(mm)	0.15~1.40			
	丁苯橡胶(SBR) 硬度降低值(IRHD,不大于)	15			
	丁苯橡胶(SBR) 体积增加值(%)	1~16			
	丁苯橡胶(SBR) 外观	不发黏、无鼓泡、不析出炭黑			
	三元乙丙橡胶(EPDM)试件 硬度降低值(IRHD,不大于)	15			
	三元乙丙橡胶(EPDM)试件 体积增加值(%)	0~10			
	三元乙丙橡胶(EPDM)试件 外观	不发黏、无鼓泡、不析出炭黑			

合成制动液低温时制动液黏度不会增大,低温流动性好;沸点高,在高温时不会产生气阻,高温抗气阻性好;不易腐蚀金属,也不易产生沉淀,液体稳定性好;对橡胶无溶胀作用,与橡胶配伍性好。我国强制要求使用合成制动液。

三、制动液的选择

(一)制动液的选用原则

(1)选用车辆使用说明书建议的标准品牌号,若标准品牌号缺乏,可选用建议可供代用的品牌号,若可供代用的品牌号仍旧缺乏,可选用相同等级的代用品。有特殊规定的制动系统选用特定制动液。

(2)选择符合国家标准《机动车制动液》(GB 12981—2012)、质量可靠、性能稳定的正规厂家产品。

(3)选择合成制动液。合成制动液的型号、颜色种类繁多,根据汽车的使用环境,选用温度范围、黏度、透明度合适,无分层、异味和沉淀的制动液。

(4)不选用醇型制动液,醇型制动液已经被淘汰。

(5)根据汽车制动系统橡胶零件耐油性选择制动液。若耐油可选用矿物油型制动液,若不耐油不可选用矿物油型制动液或者更换为耐油的橡胶零部件再使用。

(6)根据环境条件选用制动液。在气温高、湿度大、道路条件复杂的环境行驶时,车辆对制动强度要求比较高,要选用 HZY4、HZY5 的合成制动液;在气温湿度适宜、道路平坦的环境行驶时可选用 HZY3 的合成制动液。

(二)制动液使用注意事项

1.定期更换汽车制动液

制动液在使用一段时间后会出现制动液性能变化,影响制动效能进而影响行车安全,因此要定期更换制动液。在出现下列情况时需要更换制动液:

(1)制动液有很强的吸水性,在使用一段时间后,制动液的含水率会增高,含水率过高时制动液很可能变质,产生过多的气体,影响制动效能,当含水率超过 3% 时,需要更换制动液。

(2)当制动液出现变质、脏污时需要更换。

(3)汽车在行驶中出现了制动跑偏时,需要更换制动液。

(4)汽车行驶中出现制动踏板轻重不稳定时,需要更换制动液。

(5)制动轮缸皮碗膨胀时,需要更换制动液。

(6)在更换了制动主缸、制动轮缸的活塞皮碗时,需要更换制动液。

(7)各汽车厂家和制动液生产厂家的规定对制动液更换时间规定不同,因此制动液更换间隔要视车辆的具体情况而定,一般汽车行驶里程超过 4 万公里或连续两年未更换时,需要更换制动液。

2.加强封制动液的保管

机动车制动液主要成分是有机溶剂,有易燃、易挥发、吸水性强的特性,因此在保存或者罐装时要远离火源、防潮防晒,密封保存,严禁水分或其他矿物油混入。

3. 严禁混加制动液

不同类型的制动液不可混合使用,同类型相溶性好的制动液也不可混用。不同类型的制动液的成分、制造工艺不同,制动液具体的性能指标也不同,混合使用可能会出现沉淀、浑浊、分层等现象。沉淀颗粒会使制动管路内壁积垢太厚造成堵塞、主缸进出油孔堵塞,进而导致制动失灵,影响行车安全。

如果要更换不同品牌类型的制动液,必须注意以下两点:一是要把旧液排干净;二是排干净后,要用待加入的制动液清洗整个制动系统。

4. 制动液加注后要排空气

在更换制动液时会有空气进入制动系统,制动管路有空气会导致制动力不足影响制动效果,因此在更换制动液后要排空气。

技 能 实 训

(一)制动液液位检查

(1)制动液储液罐位于制动主缸上方,正常的制动液液位应位于"Max"和"Min"标记之间,如图6-1所示。

(2)检查发现制动液面略有下降,可能是由于制动器摩擦片磨损引起的,属于正常现象。

(3)检查发现制动液面短时间内明显下降,甚至低于"Min"标记,可能是制动系统渗漏导致的,应对管路、接口等立即进行检查,排除故障后才可正常使用。

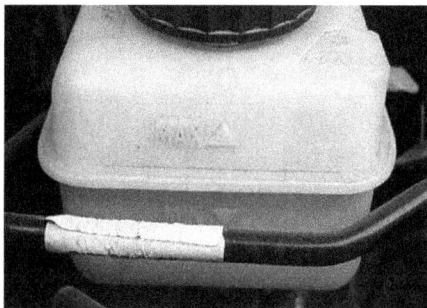

图6-1 制动液液位检查

(二)制动液的更换

制动液可吸收空气中的水分,吸水后会影响制动效果,进而影响到行车安全,所以要求定期更换制动液。制动液的更换可根据行驶时间和行驶里程决定,若汽车行驶里程超过4万公里或是使用时间超过两年都应进行更换。

1. 准备工作

(1)场地设施:举升机,装有尾气抽排系统和消防的设施的场地。

(2)设备设施:实训车辆、制动液更换工具、新的制动液、小号虎口扳手一个。

(3)注意事项:

①该项目最好由三人合作完成,一人放制动液,一人踩制动踏板,一人加新制动液;如果是两人也可以,一人放制动液,一人踩制动踏板和添加新的制动液。

②该项目要用到制动液更换工具,可用专用的制动液更换工具,也可用长50cm,内径6mm左右的塑料透明软管和有刻度的透明塑料容器操作(图6-2)。在实操过程中将塑料软管一头接到制动轮缸排气螺塞,另一头接到塑料容器中。这样既可防止制动液飞溅又方便观察更换量。

图6-2 制动液更换工具

③在操作该实训项目前可将制动灯的熔断丝拔掉,这样在踩制动踏板时制动尾灯部点亮,延长灯泡的使用寿命。项目完成后将熔断丝装回原位。

④准备1~2瓶制动液,一般1瓶足够,但为了将旧制动液排放干净,可准备2瓶,没用完的剩余制动液下次更换不建议使用。正常的制动系统不会泄漏制动液,制动液面只会随制动片的磨损而下降。

⑤更换制动液的顺序是从距离主缸最远的车轮开始,即右后—左后—右前—左前;若制动管路是采用"X"布置,在更换制动液顺序是右后—左前—左后—右前。

2. 实训过程

(1)将实训车辆用举升机举起。

(2)一人将放油口的防尘帽拿掉并连接好制动液更换工具(图6-3),并将放油螺塞用扳手逆时针方向拧松(图6-4)。

图6-3 连接制动液更换工具

图6-4 拧放油螺塞

(3)另一人在车内反复踩几次制动踏板,这时旧的制动液会从放油螺塞流出。

(4)随着旧制动液的排出,储液罐里的制动液液面会下降,及时添加新的制动液(图6-5)。

(5)直到流出的制动液是清亮的,用扳手顺时针方向拧紧放油螺塞。

(6)若排出的制动液有泡沫,要再连续反复踩制动踏板,感觉制动踏板变硬踩不下去为止,然后将制动踏板踩到底保持不动。

(7)将放油螺塞拧松,此时带泡沫的制动液会排出。

(8)直到制动踏板降低到最低时,拧紧放油螺塞,松开制动踏板。

图6-5 加注制动液

(9)反复重复步骤(6)~(8),直到排出的制动液无泡沫为止。

(10)对其他三个车轮重复上述操作步骤。

（11）四个车轮全部更换完制动液以后进行路试,若发现在制动过程中有制动疲软、制动不灵敏时重复步骤(6)~(8)进行排空气,在排气过程中如果制动液面下降,要及时添加新的制动液。

模块小结

（1）制动液的使用性能及评定指标为运动黏度、高温抗气阻性、液体稳定性、金属腐蚀性、流动性、蒸发性、溶水性、抗氧化性、与橡胶配伍性。

（2）制动液高温抗气阻性的评定指标为平衡回流沸点和湿平衡回流沸点。

（3）用−40℃最大运动黏度和100℃最小运动黏度作为运动黏度的评定指标。

（4）平衡回流沸点是指在规定环境下(冷凝回流系统内与大气平衡条件下)制动液试样沸腾的温度,平衡回流沸点又称为干沸点。

（5）湿平衡回流沸点是指制动液在规定的试验条件下(加入湿度控制液或蒸馏水),制动液吸收水分后测得的平衡回流沸点值,湿平衡回流沸点又称为湿沸点。

（6）通过制动液的高温稳定性和化学稳定性来评价制动液的稳定性。

（7）制动液的蒸发性是指控制制动液在一定温度条件下蒸发损失量的大小。

（8）制动液的溶水性是指制动液能与水互溶,并且互溶后不分离和不沉淀。

（9）汽车制动液抵抗氧化衰变的能力称为抗氧化性。

（10）制动系统中有很多零部件是橡胶制品,要求制动液对橡胶无溶胀作用,以保证良好的制动效果。

（11）制动液目前大体上分3种类型:醇型、矿物油型及合成型。

（12）醇型汽车制动液是用45%~55%的精制蓖麻油和45%~55%低碳醇(乙醇或丁醇)调制而成。

（13）矿物油型制动液是用C12~C19异构烷烃、烷烃组分(精制的轻柴油馏分经深度脱蜡所得)和添加剂(稠化剂、抗氧剂、助剂)调配所制成的。

（14）合成型制动液是在醇、醚、酯的有机溶剂中加入防腐、防锈、防橡胶溶胀等添加剂制成的。

（15）制动液使用时应注意定期更换汽车制动液、加强封制动液的保管、严禁混加制动液、制动液加注后要排空气。

思考与练习

（一）不定项选择题

1.汽车制动液高温抗气阻性的指标是( )。

  A.平衡回流沸点   B.馏分沸点

  C.湿平衡回流沸点   D.平衡分流沸点

2.常见制动液的类型有( )。

  A.醇型   B.矿物油型

  C.合成型   D.醚型

3. 我国的合成制动液规格为( )。

    A. HZY2   B. HZY3

    C. HZY4   D. HZY5

(二)判断题

1. 更换制动液时优先选用醇型制动液。   (   )

2. 同类型相溶性好的制动液也不可混用。   (   )

(三)简答题

1. 简述制动液的定义。

2. 制动液的评定指标有哪些?

3. 简述使用制动液的注意事项。

4. 简述选用合成型制动液的好处。

5. 简述更换制动液的步骤。

6. 不同类型的制动液是否可以混用? 试说明理由。

模块七　冷　却　液

一、发动机冷却液

(一)冷却液的作用与使用性能

可燃混合气在发动机汽缸内燃烧时,缸内的温度最高可达 2500℃,为保证发动机零部件能正常工作,就必须对其进行冷却。现代汽车发动机广泛采用强制循环冷却系统,冷却液就是发动机冷却系统中带走高温零件热量的一种工作介质。冷却液的全称是防冻冷却液,也俗称为冷却水或防冻液。

1. 冷却液的作用

(1)冷却。发动机工作时,由于燃料的燃烧以及运动部件之间的摩擦而产生大量的热量,使发动机零部件受热而不能正常工作。冷却系统中的冷却液可带走发动机产生的多余热量,使发动机维持正常的工作温度,即冷却水温在 80～105℃,从而保持发动机正常工作。

(2)防冻。为防止汽车停车后由于冷却液结冰而造成发动机缸体、水箱胀裂,要求汽车加注冷却液的冰点应低于当地最低气温 10℃左右,以防在天气剧烈变化时造成发动机缸体和水箱胀裂。在发动机冷却液中均加有防冻剂,用来降低其冰点,防止冷却液在寒冷天气结冰。

（3）防腐。金属腐蚀分为电化学腐蚀和化学腐蚀，是指金属在周围介质的化学或者电化学作用下造成冷却系统金属表面被破坏的反应，严重时可使冷却系统内壁穿孔，造成冷却液泄漏损坏发动机。在发动机冷却液中都要加入一定量的防腐蚀添加剂，其作用是防止冷却系统的零部件被腐蚀。

（4）防锈。氧化作用易造成冷却系统的锈蚀，锈蚀产生的残余物也会导致冷却系统的阻塞，加速发动机磨损和降低热传导效率，同时发动机运行中产生的热量和湿气极易加速锈蚀的过程。由于冷却液中添加有防止锈蚀的添加剂，故冷却液有助于防止冷却系统通道内锈蚀现象的产生。

（5）防垢。水中含有的无机盐、金属离子等杂质，会引起沉淀和结垢，极易堵塞循环管道，导致冷却系统的散热功能下降，在许多情况下水垢还会对发动机造成严重损害。冷却液中使用的去离子水可以有效避免沉淀和结垢的形成，从而起到保护发动机的作用。

（6）防沸。乙二醇型冷却液的沸点与冷却液中乙二醇的含量密切相关，乙二醇浓度越高，冷却液沸点也越高。$-20℃$时乙二醇冷却液的沸点为$104.5℃$，而$-50℃$时乙二醇冷却液的沸点达到了$108.5℃$。如果冷却系统采用压力盖装置，实际的沸点将会更高，即使在高温炎热的夏季，也能有效防止冷却液"开锅"。在一定程度上满足了高负荷运转发动机的散热冷却需要。

2.冷却液使用性能

（1）低温黏度小、流动性好。汽车发动机冷却液在低温条件下黏度越小，说明其流动性越好，其散热效果也就越好。

（2）冰点低、沸点高。冰点是指在没有过冷情况下冷却液开始结晶由液态变为固态的温度。若发动机在低温条件下存放时间过长，而发动机冷却液的冰点却达不到应有温度，很容易造成发动机冷却系统冻裂。故要求发动机冷却液的冰点要低。

沸点是指发动机冷却系统与外界大气压相平衡的条件下，冷却液开始沸腾的温度，沸点越高则蒸发损失越少。冷却液沸点越高，可保证汽车发动机在满载、高负荷等苛刻运行条件下不发生"开锅"现象，保证发动机正常运行。

（3）防腐蚀性好、不损坏汽车有机涂料。在工作时，发动机冷却液要接触多种金属材料，如果冷却液具有腐蚀性，会直接影响发动机的正常工作，甚至造成交通事故的发生。为保证冷却液具有良好的防腐性，要使冷却液的 pH 值保持在 $7.5 \sim 11.0$，使其呈碱性状态，如果冷却液的 pH 指超出此范围，将对金属材料产生不利影响。

发动机冷却液是一种化学物质的调和物，其中有些物质会对汽车涂层产生腐蚀等不良影响。因此，在冷却液配置过程中，应严格掌握各种化学物质的比例，使冷却液不对汽车涂层产生诸如剥落、鼓泡、褪色等损害。

（4）不易产生水垢、抗泡沫性好。水垢对发动机冷却系统的散热影响非常大。试验表明，水垢的热传导性较之铸铁差很多，比铝差得更多。故冷却液应具有良好的抑制水垢产生的能力。

（二）冷却液的组成与分类

冷却液是由防冻剂，防腐、除垢等添加剂和水按照一定比例混合而成，冷却液按防冻剂成分不同分为酒精型、甘油型、乙二醇型等类型。

酒精型冷却液是用乙醇(俗称酒精)作防冻剂与水配置而成,酒精与水按照不同比例混合而形成不同冰点的冷却液。酒精型冷却液具有流动性好、价格便宜等优点,但其沸点较低、酒精易蒸发损失、冰点易升高、易燃。目前酒精型冷却液已逐渐被淘汰。

甘油型冷却液是用甘油作冷却剂与水按照不同比例配制而成。甘油型冷却液具有沸点高、闪点高、不易着火、挥发性小、无毒和腐蚀性小等特点,但降低冰点效率低、成本高、价格昂贵,用户难以接受,只有少数北欧国家仍在使用。

乙二醇型冷却液是用乙二醇作防冻剂,并添加少量抗泡沫、防腐蚀的综合添加剂与水配制而成。由于乙二醇易溶于水,可配成具有不同冰点的冷却液,目前乙二醇型冷却液的最低冰点可达 -68℃。市场上销售的冷却液,乙二醇浓度一般保持在 33% ~ 50%,其冰点在 -35 ~ -20℃,可依据不同地域的实际情况进行选择。乙二醇型冷却液具有冷却效率高、沸点高、黏度小、流动性好、防垢和防腐等特点,是一种较为理想的冷却液,也是目前最好的冷却液。

(三)冷却液的质量标准

为了保证冷却液的质量,欧洲、美国和日本等发达国家和地区都制定了冷却液的质量标准和相应的评定方法。例如,日本工业标准(JIS2K2234287)、美国标准(ASTM)、日本防锈技术协会标准(JACC)及英国标准等,一些汽车行业也制定有相应的行业标准。中国于1992年首次制定了汽车发动机冷却液标准——《乙二醇型发动机冷却液及其浓缩液》(SH 0521—1992),用来规范冷却液的各项指标,以指导生产。

近年来,国家颁布了新的行业标准《乙二醇型和丙二醇型发动机冷却液》(NB/SH/T 0521—2010)。根据美国、日本及中国有关的冷却液标准,对冷却液的各项评定项目包括抗冻性(冰点)、金属腐蚀性、发泡性、水泵气穴腐蚀性、沉淀性(灰分)、密度、酸度值(pH 值)、储备碱度、沸点等。具体指标见表7-1。

乙二醇型冷却液技术要求 表7-1

项　　目		质 量 指 标						
		浓缩液	冷却液					
			-25 号	-30 号	-35 号	-40 号	-45 号	-50 号
颜色		有醒目颜色						
气味		无刺激性异味						
密度 (20.0℃) (kg/cm³)		1107 ~ 1142	≥1053	≥1059	≥1064	≥1068	≥1073	≥1075
冰点 (℃)	原液	—	≤ -25.0	≤ -30.0	≤ -35.0	≤ -40.0	-45.0	≤ -50.0
	50% 体积 稀释液	≤ -36.4	—					

项 目		质 量 指 标						
		浓缩液	冷却液					
			−25 号	−30 号	−35 号	−40 号	−45 号	−50 号
沸点 (℃)	原液	≥163.0	≥106.5	≥107.0	≥107.5	≥108.0	≥108.5	≥109.0
	50% 体积 稀释液	≥107.8	—					
对汽车有机 涂料的影响		无影响						
灰分 (质量分数)(%)		≤5.0	2.0	2.3	2.5	2.8	3.0	3.3
pH 值	原液	—	7.5 ~ 11.0					
	50% 体积 稀释液	7.5 ~ 11.0	—					
水分 (质量分数)(%)		≤5.0	—					
储备碱度(mL)		报告						
氯含量 (mg/kg)		≤25						
玻璃器 皿腐蚀 试片值 (mg/片)	紫铜	−5 ~ +5						
	黄铜	−5 ~ +5						
	钢	−10 ~ +10						
	铸铁	−10 ~ +10						
	焊锡	−30 ~ +30						
	铸铝	−30 ~ +30						
模拟使 用腐蚀 试片值 (mg/片)	紫铜	−10 ~ +10						
	黄铜	−10 ~ +10						
	钢	−20 ~ +20						
	铸铁	−20 ~ +20						
	焊锡	−60 ~ +60						
	铸铝	−60 ~ +60						
铝泵气穴 腐蚀(级)		≥8						
铸铝合金传热 腐蚀(mg/cm^2)		≤1.0						

续上表

项　　目		质 量 指 标						
		浓缩液	冷却液					
			−25 号	−30 号	−35 号	−40 号	−45 号	−50 号
泡沫倾向	泡沫体积(mL)	≤150						
	泡沫消失时间(s)	≤5.0						

(四)冷却液的选择与使用

目前,市场上的冷却液多种多样,正确选择和使用冷却液,可起到防锈蚀、防腐蚀、防散热器"开锅"、防冻结和防水垢等作用,使冷却系统始终处于最佳的工作状态,保证发动机的正常工作温度,提升了冷却系统的工作效率,延长发动机的寿命。如若不正确地使用冷却液,将严重影响发动机正常工作性能和寿命。因此,如何正确选择和使用冷却液非常重要。优质的冷却液颜色应醒目、透明,无沉淀、无异味;用烧杯加热冷却液,用温度表测量其沸点,沸点在100℃以上才为真品,沸点不足100℃者为伪品。

1. 冷却液的选用

(1)根据地域及季节变化选择冷却液。选择冷却液时,冷却液冰点应比当地冬季最低温度低 10～15℃,例如当地最低气温为 −20℃,那么选择的冷却液冰点应在 −35℃左右。冰点越低,防冻液的抗冻性能越强。

(2)选择正规企业生产的产品。冷却液除了要考虑降温和防冻外,还应考虑其沸点、防腐蚀性、防水垢等特性。目前,部分不良厂家生产的冷却液只对冷却液的冰点测定后即投放市场,此类冷却液往往具有较强的腐蚀性且易形成水垢,对汽车的冷却系统造成极大的损害,甚至有些冷却液还会将散热器腐蚀穿孔后流入发动机,造成大的安全事故。

(3)针对不同发动机类型选用冷却液种类。强化系数高的发动机,应选用高沸点冷却液;缸体或散热器用铝合金制造的发动机,应选用含有硅酸盐类添加剂的冷却液。

(4)尽量使用同一品牌的冷却液。不同品牌的冷却液的生产配方不同,若混合使用冷却液,很可能发生化学反应,给汽车带来损害。

2. 冷却液的使用

冷却液是由水、防冻剂以及添加剂组成的,其主要作用是防冻、冷却、防腐蚀和防水垢产生。因此,在加注冷却液时,要注意以下几个方面。

(1)不要加硬水、污水。水依据否溶解有矿物质分为软水和硬水。软水是不含矿物成分的蒸馏水或去离子水,比热容大、导热性和吸热性好、低温流动性好。硬水是含有矿物成分的水,例如江河水、湖泊水、井水、泉水等都属于硬水。硬水含有大量的钙、镁、钠、铁等阳离子以及碳酸根、硅酸根、硫酸根、磷酸根等阴离子,如若把这类水添加到发动机中,随着发动机运转温度升高会产生碳酸盐、硫酸盐等沉淀,形成水垢,水垢会堵塞水管,影响发动机散热。若添加的是含有泥沙、腐烂有机物的污水,会腐蚀散热器和水套,缩短其使用寿命。因此,当冷却液由于水蒸发造成液面降低需要加水补充时,只能加软水,不能添加硬水和污水。

（2）定期检查冷却液。要定期打开散热器盖检查冷却液,若发现其有沉淀、锈蚀等要及时更换新的冷却液。在高温环境下行车时,冷却液蒸发变快,要时刻注意观察冷却液温度表,定期检查冷却液储量,冷却液应添加至储液罐"max"和"min"刻线之间。若添加过少,易水温升得过高会导致"开锅"。

（3）散热器"开锅"时不要贸然打开散热器盖。行车中水温表的最高读数是95℃,一旦高于95℃就要提高警惕,采取必要措施。当散热器温度达到沸点时,即会出现"开锅"现象。若此时直接打开散热器盖,由于温度高、压力大,水蒸气会急速向外喷出,易导致烫伤。此时应保持发动机怠速运转一段时间,打开发动机罩加快散热,当温度下降不再沸腾,可用湿毛巾裹住手,稍微拧开散热器加水盖,放出水蒸气,稍等片刻再全部拧开,然后缓慢加注冷却液。

（4）加注冷却液时不要洒到发动机上。加注冷却液时注意不要洒到发动机上,若将冷却液洒到发动机上,可能对发动机的火花塞孔座、高压线插孔、分电器上跳火有影响;冷却液溅到传动带上可导致传动带打滑;洒到机体上还有可能导致机体变形甚至产生裂纹。

（5）全年使用冷却液。全年都要使用冷却液,冷却液除了防冻,还有防腐、防锈、防水垢的功能。冷却液中的防冻剂可提高冷却液沸点,防止冷却液沸腾,防止"开锅"现象发生。冷却液中的防锈剂可以防止水套、散热器锈蚀;冷却液在水泵搅动下易产生泡沫,影响散热,冷却液中的抗泡剂可防止泡沫的产生。

（6）人体不要接触冷却液。乙二醇冷却液对人体有毒性,严防入口,要将更换后的冷却液置于安全场所。

（7）更换冷却液时,要用清水将冷却系统洗净后,再加入新的冷却液。

二、纯电动汽车用冷却液

电动汽车不像内燃机车,不属于热机范畴,它是直接由蓄电池存储能量,由电动机直接进行驱动,做功无间隙,因此人们会感觉电动汽车不太需要使用冷却液。但其实不然,电动汽车对于冷却液的需要程度丝毫不亚于内燃机。

例如特斯拉 Model S 从静止加速至100km/h 只需要3.2s,续航440km,其能源储备用的蓄电池和底盘制作为一体,蓄电池和冷却系统也结合在一起。蓄电池在蓄能和放电时会发生电解等化学作用,释放出大量热量。因此,电动汽车同样需要冷却液。电动汽车的冷却管道就密密麻麻地分布在这些蓄电池组当中,通过冷却液的循环带走蓄电池组产生的热量。电动汽车冷却系统如图7-1所示。

图7-1　电动汽车冷却系统

内燃机所采用的冷却液的主要成分为"乙二醇",不同品牌的冷却液颜色可能会有区别但主要成分是统一的,这类冷却液低温流动性好,防冻、防腐、防锈、防沸、防水垢效果好,对金属的腐蚀性弱,不易挥发,因此被广泛应用。

由于电动汽车主要是冷却蓄电池,为了防止对蓄电池造成污染或腐蚀、避免发生短路,有以下要求:一是要求电动汽车的冷却系统密封性良好;二是需采用无水冷却液;三是不能作为电解液体;四是不能和内燃机冷却液混用;五是不能私自更换冷却液。

技 能 实 训

冷却液的更换

在正常情况下,汽车行驶 30000 ~ 40000km 就需要更换冷却液。

1. 准备工作

(1)场地设施:举升机,装有尾气抽排系统和消防设施的场地。

(2)设备设施:实训车辆、108 套工具盒、接油桶、加注专用工具、水压表。

2. 实训过程

(1)打开发动机舱盖,打开冷却液加注口。

(2)找到冷却系统的排气螺栓,将其松开。

(3)举升车辆。

(4)放置接油桶。

(5)打开散热器放水阀,放出冷却液。

冷却液在排出过程中若遇到发动机冷却系统轻微渗漏,较难将冷却液彻底排净,可利用水压表加压帮助将旧冷却液排出,如图 7-2 所示。

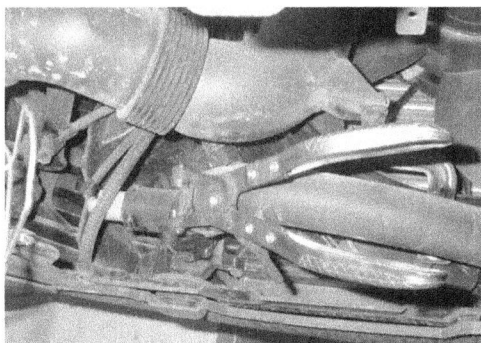

步骤1 卡簧钳松水管接头紧固卡簧

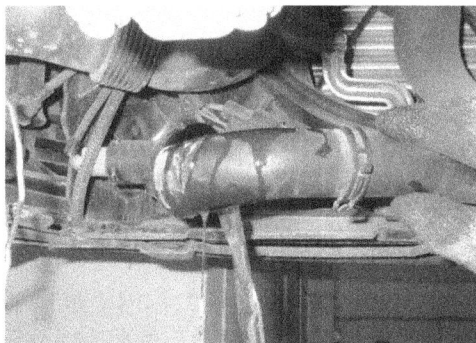

步骤2 排放旧冷却液

步骤3 排放旧冷却液

步骤4 水压表施压排放旧冷却液

图 7-2 冷却液排出步骤

（6）将车辆下降到距地面30cm处。

（7）保持发动机怠速运转，用橡胶管连接自来水与散热器加水口，用自来水连续冲洗发动机冷却系统，直到流出的是清水为止。

（8）关闭自来水，直到散热器放水阀不再出水，关闭放水阀。

图7-3　冷却液液位

（9）用专用工具加注冷却液并观察放气螺栓处，当放气螺栓处无气泡产生后拧紧放气螺栓。

（10）添加新的冷却液直到储液罐"max"标记但不要超过该标记线。将散热器盖和储液罐盖盖好并拧紧（图7-3）。

（11）将发动机怠速运转2~3min，在发动机运行过程中，冷却系统会排出部分空气，储液罐的液位会稍微下降，这时应继续添加冷却液到"max"标记线。

模块小结

（1）冷却液的作用是防冻、防腐蚀、防锈、防水垢、防沸。

（2）冷却液应具备以下性能：低温黏度小、流动性好；冰点低、沸点高；防腐蚀性好、不损坏汽车有机涂料；不易产生水垢、抗泡沫性好。

（3）冷却液由水、防冻剂、添加剂三部分组成。

（4）冷却液按防冻剂成分不同可分为酒精型、甘油型、乙二醇型。

（5）乙二醇型冷却液是用乙二醇作防冻剂，并添加少量抗泡沫、防腐蚀的综合添加剂配制而成。

（6）冷却液的评定项目为抗冻性（冰点）、金属腐蚀性、发泡性、水泵气穴腐蚀性、沉淀性（灰分）、密度、酸度值（pH值）、储备碱度、沸点等。

（7）冷却液的选用原则为根据地域及季节变化选择不同冰点的冷却液、选择正规企业生产的产品、要针对各种发动机具体结构特点选用冷却液种类、尽量使用同一品牌的冷却液。

（8）冷却液使用时要注意不要加硬水、污水；定期检查冷却液；散热器"开锅"时不要贸然打开散热器盖；加注冷却液时不要洒到发动机上；全年使用冷却液；人体不要接触冷却液；更换冷却液时，要用清水将冷却系统洗净后，再加入新的冷却液。

（9）电动汽车冷却液要求：一是要求电动汽车的冷却系统密封性良好；二是需采用无水冷却液；三是不能作为电解液体；四是不能和内燃机冷却液混用；五是不能私自更换冷却液。

思考与练习

（一）不定项选择题

1.冷却液由(　　)组成。

　A.水　　　　　　B.防冻剂　　　　　C.添加剂　　　　D.乙醚

2. 按防冻剂成分不同可分为(　　　)类型。

　　A. 酒精型　　　　　B. 甘油型　　　　　C. 乙二醇型　　　　　D. 丁二醇型

3. 某地最低气温为-20℃,在选用冷却液时选择冰点为(　　　)的冷却液。

　　A. -20℃　　　　　B. -30℃　　　　　C. -35℃　　　　　D. -40℃

(二)判断题

1. 可选用井水或泉水作为冷却液。　　　　　　　　　　　　　　　　　(　　)

2. 冬天温度低,可以不使用冷却液。　　　　　　　　　　　　　　　　(　　)

(三)简答题

1. 简述冷却液的作用。

2. 简述冷却液应具备的使用性能。

3. 简述我国冷却液的评定项目。

4. 简述冷却液使用时的注意事项。

5. 简述电动汽车冷却液的要求。

6. 简述冷却液更换的具体步骤。

模块八　车用润滑脂

学习目标

1. 能描述车用润滑脂的作用及组成;
2. 能叙述车用润滑脂的使用性能及评定指标;
3. 能叙述车用润滑脂的分类和规格;
4. 能叙述常用润滑脂的种类;
5. 能叙述汽车用润滑脂的选用原则和使用注意事项;
6. 能正确选用和加注润滑脂。

建议课时

3 课时。

一、车用润滑脂的作用及组成

润滑脂俗称"黄油",是将稠化剂分散于液体润滑剂中形成的固体或半固体产品。润滑脂广泛使用在汽车、拖拉机和工程机械的许多润滑部位。

1. 车用润滑脂的作用

润滑脂主要作用是润滑、保护和密封,大多数润滑脂用于润滑,把起润滑作用的润滑脂称为减摩润滑脂,汽车上许多不能用润滑油润滑的部件需使用润滑脂润滑,如轮毂轴承、发电机轴承、水泵轴承、离合器分离轴承和传动轴花键等。

2. 车用润滑脂的组成

润滑脂由基础油、稠化剂和添加物(添加剂和填料)组成。

(1)基础油。基础油是润滑剂中的基本组成,润滑脂中基础油含量一般占 70% ~ 90%。基础油分为矿物油和合成油两大类。以矿物油为基础油的润滑脂润滑性能好,黏度范围宽,但不能兼备高低温性能。以合成油为基础油可制备特殊润滑脂,例如:7014-1 高温润滑脂的基础油为合成油,其使用温度范围为 −40 ~ 200℃。

(2)稠化剂。稠化剂分散在基础油中,形成海绵或蜂窝状结构骨架将基础油包裹起来,使其不能随意流动而成为一种膏状的黏稠物质。稠化剂含量占润滑脂质量的 10% ~ 30%,主要有皂基稠化剂(钙皂、锂皂)和烃基稠化剂。基础油中加入稠化剂就会失去流动性成为黏稠的半固体膏状物,即润滑脂。稠化剂的性质、含量决定润滑脂的黏稠程度、耐水性及抗热能力等使用性能。

(3)添加剂。添加剂可以改进基础油本身固有的性质或增加其原来并不具有的性质,以满足人们对润滑脂的多方面要求。添加剂含量占润滑脂质量的5%以下,润滑脂添加剂的种类主要有:稳定剂、抗氧剂、金属纯化剂、防锈剂、抗腐剂和极压抗磨剂等。添加剂的分类及常用添加剂见表8-1。

润滑脂中添加剂的分类及常用添加剂 表8-1

添加剂类型	化 合 物 名 称
抗氧剂	胺类:二苯胺,苯基-α 萘胺,苯基-β 萘胺; 酚类:2,6-二叔丁基对甲酚; 磺酸盐:石油磺酸钙,石油磺酸钠,石油磺酸钡
防锈剂	亚硝酸钠,环烷酸锌,氧化石蜡钡基,二壬基萘磺酸钡,苯并三氮唑
结构改进剂	聚甲基丙烯酸酯,聚乙烯基正丁基醚,聚异丁烯
极压剂	氯化石蜡,二苄二硫化物,二烷基二硫代磷酸锌,二丁基二硫代氨基甲酸钼
抗磨剂	环烷酸铅,硫化鲸鱼油
胶溶剂	甘油,水

(4)填料。填料是润滑脂中的固体添加物。大部分填料本身可作为固体润滑剂,常用的填料有石墨、二硫化钼等。石墨钙基润滑脂含10%的鳞片石墨填料,起极压添加剂作用。

汽车上常用的润滑脂有钙基润滑脂、钠基润滑脂、汽车通用锂基润滑脂、石墨钙基润滑脂、极压复合锂基润滑脂等。

二、车用润滑脂的使用性能及评定指标

润滑脂失效的原因主要有:离心力、机械剪切力作用,工作温度高和氧化环境状况等。在离心力的作用下,润滑脂被甩出摩擦界面或者令润滑脂产生分油,使润滑脂油分减少,锥入度减小而硬化,到一定程度后就会导致润滑脂完全失效。润滑脂在机械剪切力作用下,结构发生破坏,引起软化,相对黏度下降、稠度下降、析油增加等,最终导致失效。润滑脂在高温环境和摩擦热的作用下,会发生蒸发损失,使润滑脂油性减少、变硬、黏度增加。润滑脂与空气中的氧发生化学反应会产生酸性物质,消耗润滑脂中的抗氧化添加剂,一定程度后,有机酸会腐蚀金属并破坏脂的结构,使滴点下降、黏度增加。因此对润滑脂有以下使用性能要求。

1. 稠度

稠度是指润滑脂在受外力作用时抵抗变形的能力,稠度是塑性的一个特征,稠度是一个与润滑脂在所在润滑部位上的保持、密封能力有关,以及与润滑脂的泵送和加注方式有关的重要性能。稠度的大小取决于稠化剂的含量,稠化剂的含量越高,润滑脂的稠度越大。稠度级号是润滑脂代号的组成部分,是选择润滑脂的一个重要方面,评定稠度的指标是锥入度。锥入度是在规定的时间和温度条件下,标准锥体沉入润滑脂的深度,以 1/10mm 为单位,润滑脂锥入度测定标准是《润滑脂和石油脂锥入度测定法》(GB/T 269—1991),按锥入度划分的润滑脂级号见表8-2。

按锥入度划分的润滑脂级号   表 8-2

稠度级别	000	00	0	1	2	3	4	5	6
工作锥入度 (25℃) (1/10mm)	455~475	400~430	355~385	310~340	265~295	220~250	175~205	130~160	85~115
状态	液体	近于液体	极软	非常软	软	中	硬	非常硬	极硬

2. 高温性

高温性是指润滑脂在较高的使用温度下保持其附着性的性能。在较高的温度条件下润滑脂变软,附着性能降低,蒸发损失增大,易氧化变质和分油。评定润滑脂高温性的指标有滴点、蒸发量、漏失量和分油量。滴点是指规定的试验条件下润滑脂达到一定流动性的温度,润滑脂滴点测定标准是《润滑脂滴点测定法》(GB/T 4929—1985)。润滑脂滴点常用来粗略估计最高使用温度,一般润滑脂的最高使用温度比滴点低20~30℃,个别的甚至更低。

3. 低温性

低温性是指润滑脂在寒冷地区低温条件下仍能保持良好润滑性的性能。低温性的评价指标是相似黏度。在一定温度和一定剪切速率下,将润滑脂流动时的切应力与剪切速率的比值称为润滑脂的相似黏度。润滑脂相似黏度测定标准是《润滑脂相似粘度测定法》[SH/T 0048—1991(2004)]。

4. 抗磨性

抗磨性是指汽车润滑脂通过保持在摩擦副部件之间的油膜,防止金属与金属相接触而磨损的能力。润滑脂的稠化剂本身就是油性剂,因此汽车润滑脂要比其他基础油具有更好的抗磨性。为了满足在苛刻条件下使用润滑脂,还添加了二硫化钼、石墨等减磨剂和极压抗磨剂,以进一步提高润滑脂的抗磨性。

5. 抗水性

润滑脂遇水后抵抗结构和稠度改变的性能叫做润滑脂的抗水性。润滑脂遇水后易使稠度下降,甚至乳化而流失,汽车底盘各摩擦点可能与水接触,因此要求润滑脂有良好的抗水性。润滑脂的抗水性能取决于稠化剂的抗水性,烃基稠化剂抗水性最好,皂基稠化剂除钠皂和钠钙皂外,其他金属皂的抗水性都较好。抗水性的评价指标是水淋流失量。

6. 防腐性

润滑脂的防腐性是指润滑脂防止零件锈蚀、腐蚀的性能。防腐性主要通过在金属表面保持足够的脂层来防止金属表面被腐蚀,或者润滑脂吸收腐蚀性气体和液体,以免零件受到侵蚀。润滑脂的防腐性通过防腐蚀试验、游离碱测定等试验来测定。

7. 胶体安定性

胶体安定性是指润滑脂抵抗温度和压力影响而保持胶体结构的能力,也是基础油与稠化剂结合的稳定性。润滑脂是一个具有骨架胶体的分散体系,胶体结构的稳定常受温度和压力的影响而不同程度地遭受破坏,使固定在纤维空间骨架中的基础油分离出来。评定润滑脂胶体安定性的主要指标是滴点,滴点是指在规定的条件下加热,润滑脂达到一定流动性时的温度。

8. 氧化安定性

氧化安定性是指润滑脂在储存和使用过程中抵抗氧化的能力。润滑脂氧化后外观、理化指标和结构都发生不同程度的改变。若氧化安定性差,易生成有机酸,对金属构成腐蚀,同时会使润滑脂的结构及使用性能也遭到破坏,因此要求润滑脂具有良好的氧化安定性。

9. 机械安定性

机械安定性是指润滑脂在工作条件下抵抗稠度变化的能力。润滑脂在工作时受到剪切力作用,润滑脂在受到剪切力后,其结构受到破坏,皂纤维也一定程度被剪断,导致自身的稠度发生变化,因此要求润滑脂具有良好的机械安定性。若机械安定性不好,可能因过分软化而流失,从而缩短润滑脂使用寿命。机械安定性的评价指标是延长工作锥入度或延长工作锥入度与工作锥入度的差值。

三、车用润滑脂的分类和规格

(一)车用润滑脂的分类

车用润滑脂种类较多,有多种分类方法。按基础油的类别可分为矿物油润滑脂和合成油润滑脂;按用途可分为减摩润滑脂、防护润滑脂和密封润滑脂;按特性可分为高温润滑脂、耐寒润滑脂、极压润滑脂;按稠化剂可分为皂基润滑脂和非皂基润滑脂,皂基润滑脂又分为单皂基润滑脂(如钠基、锂基、钙基润滑脂等)、混合皂基润滑脂(如钙钠基润滑脂)和复合基润滑脂(如复合钙基、复合锂基、复合铝基润滑脂等),非皂基润滑脂分为烃基润滑脂、无机润滑脂、有机润滑脂等。

(二)车用润滑脂的产品标记

润滑脂的分类是根据润滑脂应用的操作条件确定。汽车润滑脂的分类及其产品标记是依据《润滑脂和有关产品(L类)的分类 第8部分:X组(润滑脂)》(GB 7631.8—1990)和《润滑剂、工业用油和有关产品(L类)的分类 第1部分:总分组》(GB/T 7631.1—2008)的规定,用类别代号+品种代号表示。润滑脂按操作条件分类见表8-3。其中类别代号用L表示,品种代号由组别代号X+4个表示操作条件的字母组成,其中第一个字母表示最低操作温度,第二字母表示最高操作温度,第三个字母表示润滑脂在水污染的操作条件下其抗水性能和防锈水平,第四个字母表示润滑脂的极压性。形式如下:

L-X │最低温度代号│ │最高温度代号│ │水污染条件下抗水性、防锈性代号│ │负荷条件│ │稠度级号│

例如:L-X C C H A 2

其中,L——类别(润滑剂);

　　　　X——组别(润滑脂);

　　　　C——最低工作温度(-30℃);

　　　　C——最高工作温度(120℃);

　　　　H——水污染(经受水洗、淡水能防锈);

　　　　A——负荷条件(非极压型脂);

2——稠度等级(2号,工作锥入度 265~295)。

润滑脂按操作条件分类　　表 8-3

操作温度				水　污　染					负荷条件
最低温度 (℃)	字母	最高温度 (℃)	字母	环境条件		防锈性		综合性 字母	字母和备注
				字母	备注	字母	备注		
0	A	60	A			L	不防锈	A	
-20	B	90	B	L	干燥环境	M	淡水存在下的防锈性	B	
-30	C	120	C			H	盐水存在下的防锈性	C	
-40	D	140	D			L	不防锈	D	A:非极压型脂; B:极压型脂
< -40	E	160	E	M	静态潮湿环境	M	淡水存在下的防锈性	E	
		180	F			H	盐水存在下的防锈性	F	
		>180	G	H	水洗	L	不防锈	G	
						M	淡水存在下的防锈性	H	
						H	盐水存在下的防锈性	I	

(三)汽车润滑脂的规格

汽车用润滑脂的规格有《汽车通用锂基润滑脂》(GB/T 5671—2014)、《石墨钙基润滑脂》(SH/T 0369—1992)、《通用锂基润滑脂》(GB 7324—2010)、《工业凡士林》[SH/T 0039—1990(2005)]、《钙基润滑脂》(GB 491—1987)和《钠基润滑脂》(GB 492—1989)等。

(四)常用润滑脂

1.钙基润滑脂

钙基润滑脂肪用天然脂肪酸钙皂或合成脂肪酸钙与石灰制成的钙皂稠化中等黏度的矿物润滑油,并以水作为胶体稳定剂制成的。钙基润滑脂又分为天然钙基润滑脂和合成钙基润滑脂两种。钙基润滑脂的特点是具有良好的抗水性、机械安定性,较好的泵送性、润滑性和防护性能,但其耐热性较差,使用寿命较短,适用于经常和水或潮气接触、工作温度不超过70℃、转速低于1500r/min 的部位,一般用于汽车转向系统的横拉杆、直拉杆、拉杆球节、水泵轴承、分电器凸轮、变速器前轴等部位。根据《钙基润滑脂》(GB 491—2008)将钙基润滑脂按锥入度分为1、2、3、4 四个牌号,号数越大脂越硬,滴点越高。各钙基润滑脂技术要求见表 8-4,最高温度及应用部位见表 8-5。

钙基润滑脂技术要求　　表 8-4

项　　目		质量指标				试验方法
		1 号	2 号	3 号	4 号	
水分(质量分数)(%)	不大于	1.5	2.0	2.5	3.0	GB/T 512
灰分(质量分数)(%)	不大于	3.0	3.5	4.0	4.5	SH/T 0327
钢网分油(60°C,24h)(质量分数)(%)	不大于	—	12	8	6	SH/T 0324

项　　目	质 量 指 标				试 验 方 法
	1 号	2 号	3 号	4 号	
延长工作锥入度(10000 次)与工作锥入度差值(1/10mm)　　　　　　不大于	—	30	35	40	GB/T 269
水淋流失量(38℃,1h)(质量分数)(%)　　　　　　不大于	—	10	10	10	SH/T 0109

注:水淋后,轴承烘干条件为(77 ±6)℃,16h。

钙基润滑脂的最高温度及应用部位　　　　　　　　　　　　表 8-5

钙基脂牌号	使用的最高温度(℃)	应 用 部 位
1 号	55	适用于集中给脂系统和汽车底盘摩擦部位
2 号	60	适用于汽车、拖拉机的轮毂及离合器轴承
3 号	65	水泵、分电器、离合器轴承、横拉杆、直拉杆球关节
4 号	70	重负荷、低转速的重型机械设备

2. 复合钙基润滑脂

复合钙基润滑脂是由以乙酸钙作复合剂制成的高脂肪酸钙皂稠化中等黏度的矿物油制成。它以乙酸钙作为组分,不以水作稳定剂,从而避免了钙基脂耐热性差的缺点。复合钙基润滑脂滴点高、耐热性好,具有一定的抗水性,可在潮湿环境或与水接触的情况下工作,具备较好的机械安定性和胶体安定性,可用在高速的滚动轴承。复合钙基润滑脂适用于 120 ~ 150℃的摩擦副的润滑,用于车辆轮毂轴承和水泵轴承的润滑,若在其中加入3% 二硫化钼效果会更好。复合钙基润滑脂按其锥入度分为 ZFG-1、ZFG-2、ZFG-3、ZFG-4 四个牌号,复合钙基润滑脂质量指标见表 8-6,可根据设备的负荷选用相应牌号,一般常用 ZFG-2、ZFG-3。

复合钙基润滑脂质量指标　　　　　　　　　　　　　　表 8-6

牌　　号	滴　　点	使用的最高温度(℃)	工作锥入度(25℃,150g,0.1mL)
ZFG-1 号	180	55	310 ~ 340
ZFG-2 号	200	60	265 ~ 295
ZFG-3 号	220	65	220 ~ 250
ZFG-4 号	240	70	175 ~ 205

3. 石墨钙基润滑脂

石墨钙基润滑脂是由动植物油钙皂稠化中等黏度的矿物油,并加入一定比例鳞片状石墨制成。石墨既是一种固体润滑剂又是一种填充剂,具有良好的耐压抗磨性能和抗水性。石墨钙基润滑脂通常为黑色,具有良好的极压性和抗磨性,能适应重负荷、粗糙摩擦面的润滑,其良好的抗水性可适应与水或潮气接触设备的润滑。因此石墨钙基润滑脂适用于工作温度在 −10 ~60℃的压延机人字齿轮、汽车钢板弹簧、吊车和起重机齿轮转盆等粗糙、低转速、重负荷的摩擦部位,不适用于滚动轴承及精密机件的润滑。石墨钙基润滑脂相关参数见表8-7。

石墨钙基润滑脂相关参数   表8-7

项 目		质 量 指 标	试 验 方 法
外观		黑色均匀油膏	目测
滴点(℃)	不低于	80	GB/T 4929
腐蚀(钢片,100℃,3h)		合格	SH/T 0331
安定性		合格	—
水分(%)	不大于	1.5	GB/T 512

4. 钠基润滑脂

钠基润滑脂是由天然脂肪酸钠皂稠化中等黏度的矿物油制成。钠基润滑脂的特点是滴点高达160℃,耐热性好,长时间在较高温度下使用也能保持润滑性,可在120℃较长时间工作,对金属的附着力较强,可使用于振动较大、温度较高的滚动或滑动轴承上,具有优良的防护性。但钠基润滑脂耐水性差,一旦遇到水稠度会下降,不能用于潮湿环境或与水及水蒸气接触的机械部件上。钠基润滑脂适用于 -10 ~ 110℃ 温度范围内、一般中等负荷机械设备的润滑,可用于汽车、拖拉机轮毂轴承的润滑。根据《钠基润滑脂》(GB 492—1989)将钠基润滑脂按锥入度分为2号、3号两个牌号,技术要求见表8-8。

钠基润滑脂技术要求   表8-8

项 目		质 量 指 标		试 验 方 法
		2 号	3 号	
滴点(℃)	不低于	160	160	GB/T 4929
锥入度(1/10mm) 工作 延长工作(10 万次)	 不大于	265 ~ 295 375	220 ~ 250 375	GB 269
腐蚀(T_2铜片,室温,24h)		铜片无绿色或黑色变化		GB/T 7326,乙法
蒸发量(99℃,22h),(%),(m/m)	不大于	2.0	2.0	GB/T 7325

注:原料矿物油运动黏度(40℃)为41.4 ~ 165mm²/s。

5. 钙钠基润滑脂

钙钠基润滑脂是由动植物油钙钠基混合皂稠化中等黏度的矿物油制成,又叫轴承脂。它的性能介于钙基润滑脂和钠基润滑脂之间,有良好的抗水性和耐热性,抗水性优于钠基润滑脂,耐热性优于钙基润滑脂,适用于工作温度不高于90 ~ 100℃,而又易与水接触的条件下使用。主要适用于各种类型的电动机、汽车、拖拉机和其他机械设备滚动轴承的润滑。根据《钙钠基润滑脂》[SH/T 0368—1992(2003)]将钙钠基润滑脂分为 1 号、2 号两个牌号,1 号滴点为120℃,工作锥入度为250 ~ 290,适用于85℃以下的滚动轴承;2 号滴点为135℃,工作锥入度为200 ~ 240,适用于100℃以下的滚动轴承。

6. 锂基润滑脂

锂基润滑脂是由 12-羟基硬脂肪酸锂皂稠化低凝点矿物油,并加入防锈剂和抗氧剂制成。锂基润滑脂具有良好抗水性和防锈性能,可在潮湿和与水接触的机械部件上使用;具有良好的机械安定性、胶体安定性、氧化安定性和润滑性,在高速运转的机械剪切作用下不会变质、流失,保证良好的润滑;还具有良好的高低温性能,工作温度范围为 -30℃~120℃,使用寿命较长。锂基润滑脂主要适用于汽车轮毂轴承、底盘、水泵、发电机等摩擦部位的润滑。目前进口车和国产新车型普遍采用锂基润滑脂。根据《汽车通用锂基润滑脂》(GB/T 5671—2014)汽车通用锂基润滑脂按其锥入度分为 2 号、3 号两个牌号。汽车通用锂基润滑脂的规格见表 8-9。汽车通用锂基润标滑脂应标记为: 产品名称 　 产品牌号 　 标记编号 。例如:汽车通用锂基润滑脂 2 号 GB/T 5671。

汽车通用锂基润滑脂的规格　　　　　　　　　　　　　　　　表 8-9

项　　目		质量指标		试验方法
		2 号	3 号	
工作锥入度(1/10mm)		265～295	220～250	GB/T 269
延长工作锥入度(100000 次)变化率(%)	不大于	20		GB/T 269
滴点(℃)	不低于	180		GB/T 4929
防腐蚀性(52℃,48h)		合格		GB/T 5018
蒸发量(99℃,22h)(质量分数)(%)	不大于	2.0		GB/T 7325
腐蚀(T₂铜片,100℃,24h)		铜片无绿色 或黑色变化		GB/T 7326,乙法
水淋流失量(79℃,1h)(质量分数)(%)	不大于	10.0		SH/T 0109
钢网分油(100℃,30h)(质量分数)(%)	不大于	5.0		NB/SH/T 0324
氧化安定性(99℃,100h,0.770MPa),压力降(MPa) 不大于		0.070		SH/T 0325
漏失量(104℃,6h)(%)	不大于	5.0		SH/T 0326
游离碱含量(以折合 NaOH 质量分数)(%)	不大于	0.15		SH/T 0329
杂质含量(显微镜法)(个/cm³)				
10μm 以上	不大于	2000		SH/T 0336
25μm 以上	不大于	1000		
75μm 以上	不大于	200		
125μm 以上	不大于	0		
低温转矩(-20℃),(mN·m)	不大于			
起动		790	990	SH/T 0336
起动		390	490	

注:如果需要,基础油运动黏度应该在实验报告中进行说明。

7. 工业凡士林

工业凡士林是由石油脂、地蜡、石蜡等固体烃稠化高黏度润滑油制成,不含皂分,属非皂基脂中固体烃基脂。有一定的防锈性、润滑性,较好的黏附性,不溶于水、不乳化。工业凡士林主要适用于仓储的金属物品和工厂生产出来的金属零件、机器的防锈,以及汽车上蓄电池接线柱,接线后涂上工业凡士林。

四、汽车用润滑脂的选用

1. 汽车用润滑脂的选用原则

润滑脂的选择包括润滑脂品种(使用性能)和稠度级号的选择。润滑脂的品种是根据工作温度、工作环境、负荷和转速、水污染和极压性来选择。工作温度越高,选用润滑脂的滴点也越高;反之应选用滴点较低的润滑脂;运动速度越大,选用润滑脂的稠度级别就应该越低,反之应选用高稠度级别;承载负荷大,应选锥入度小的润滑脂;反之选用锥入度大的润滑脂。汽车的减摩部位多选用锂基润滑脂,钢板弹簧因处于极压条件应选用石墨钙基润滑脂,对工作温度过高或过低的应选用特殊润滑脂,为保护蓄电池接线柱,应涂工业凡士林。汽车润滑脂品种的选择见表8-10。

汽车润滑脂的选择 表8-10

润 滑 脂	应 用 部 位
汽车通用锂基润滑脂(GB/T 5671—2014)或通用锂基润滑脂(GB/T 7324—2010)	轮毂轴承、水泵轴承、起动机轴承、发电机轴承、离合器分离轴承、底盘用脂润滑部位
石墨钙基润滑脂(SH/T 0369—1992)	钢板弹簧
工业凡士林[SH/T 0039—1990(2005)]	蓄电池接线柱

2. 润滑脂的使用注意事项

(1)按汽车使用说明书及时向润滑部位加注润滑脂。

(2)不同种类的润滑脂不能混用,否则容易使汽车润滑脂变软、胶体安定性下降。

(3)换用新鲜汽车润滑脂时,必须将旧的汽车润滑脂擦净,否则容易加速新鲜润滑脂的氧化和变质。

(4)加注润滑脂时,一次加入量不能过多,否则会使运转阻力增大,工作温度升高。

(5)一般情况下,润滑脂与润滑油不能混用。

(6)润滑脂储存在阴凉干燥的地方。

技 能 实 训

(一)鼓式制动器维护中涂抹高温润滑脂

鼓式制动器维护时,检查制动蹄片、背板和固定件是否生锈,检查期间,在背板和制动蹄片之间的接触面上涂高温润滑脂,涂抹高温润滑脂位置见图8-1中箭头指示位置。

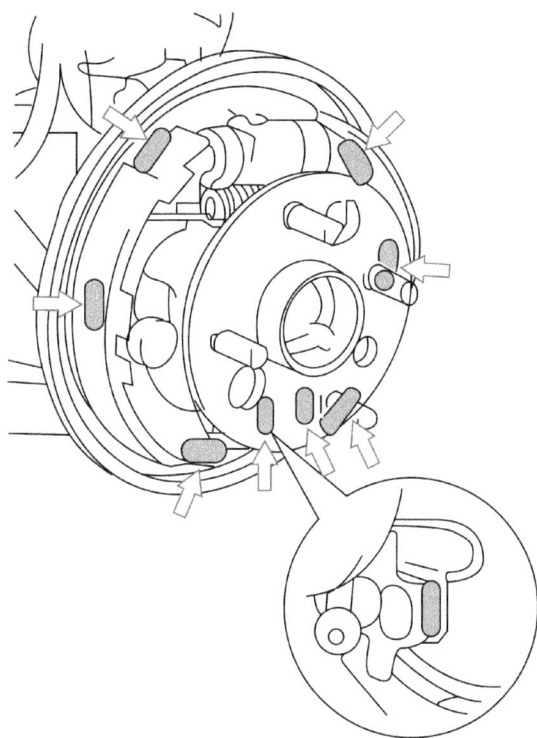

图 8-1 背板区域涂抹高温润滑脂位置

(二)安装新制动器摩擦片时涂抹高温润滑油脂

更换磨损的制动器摩擦片时,消声垫片和磨损指示板应连同制动器摩擦片一起更换。先在消声垫片上涂盘式制动器润滑脂并在制动器摩擦片上安装消声垫片,具体位置见图 8-2 中箭头指示位置。再安装两个带消声垫片的制动器摩擦片。在安装过程中确保制动器摩擦片或者制动盘的摩擦表面没有机油或者润滑脂。

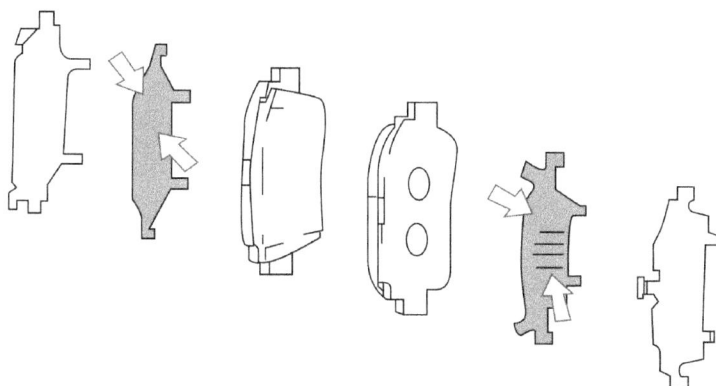

图 8-2 安装新制动器摩擦片涂抹高温润滑脂位置

模块小结

(1)润滑脂是将稠化剂分散于液体剂中形成的固体或半固体产品。

(2)润滑脂主要作用是润滑、保护和密封。

(3)润滑脂由基础油、稠化剂和添加物(添加剂和填料)组成。基础油是润滑剂中的基本组成,润滑脂中基础油含量一般占70%~90%,基础油分为矿物油和合成油两大类。

(4)稠化剂分散在基础油中,形成海绵或蜂窝状结构骨架将基础油包裹起来,使其不能随意流动而成为一种膏状的黏稠物质,稠化剂含量占润滑脂质量的10%~30%,主要有皂基稠化剂(钙皂、锂皂)和烃基稠化剂。

(5)添加剂可以改进基础油本身固有的性质或增加其原来并不具有的性质,以满足人们对润滑脂的多方面要求,添加剂含量占润滑脂质量的5%以下。

(6)填料是润滑脂中的固体添加物。大部分填料本身可作为固体润滑剂,常用的填料有石墨、二硫化钼等。

(7)润滑脂失效的原因主要有:离心力、机械剪切力作用,工作温度高和氧化环境状况等。

(8)润滑脂有稠度、高温性、低温性、抗磨性、抗水性、防腐性、胶体安定性、氧化安定性、机械安定性等使用性能要求。

(9)稠度是指润滑脂在受外力作用时抵抗变形的能力,评定指标是锥入度。

(10)高温性是指润滑脂在较高的使用温度下保持其附着性的性能,评定指标有滴点、蒸发量、漏失量和分油量。

(11)低温性是指润滑脂在寒冷地区低温条件下仍能保持良好润滑性的性能,评价指标是相似黏度。

(12)抗磨性是指汽车润滑脂通过保持在摩擦副部件之间的油膜防止金属与金属相接触而磨损的能力。

(13)润滑脂遇水后抵抗结构和稠度改变的性能叫做润滑脂的抗水性。

(14)润滑脂的防腐性是指润滑脂防止零件锈蚀、腐蚀的性能。

(15)胶体安定性是指润滑脂抵抗温度和压力影响而保持胶体结构的能力,也是基础油与稠化剂结合的稳定性。

(16)氧化安定性是指润滑脂在储存和使用过程中抵抗氧化的能力。

(17)机械安定性是指润滑脂在工作条件下抵抗稠度变化的能力。

(18)钙基润滑脂又俗称为"黄油",适用于经常和水或潮气接触、工作温度不超过70℃、转速低于1500r/min的部位。

(19)复合钙基润滑脂可用在高速的滚动轴承。

(20)石墨钙基润滑脂适用于工作温度在-10~60℃的压延机人字齿轮、汽车钢板弹簧、吊车和起重机齿轮转盆等粗糙、低转速、重负荷的摩擦部位。

(21)钠基润滑脂适用于-10~110℃温度范围内、一般中等负荷机械设备的润滑。

(22)钙钠基润滑脂主要适用于各种类型的电动机、汽车、拖拉机和其他机械设备滚动轴承的润滑。

(23)锂基润滑脂主要适用于汽车轮毂轴承、底盘、水泵、发电机等摩擦部位的润滑。

(24)工业凡士林适用于仓储的金属物品和工厂生产出来的金属零件和机器的防锈,以及汽车上蓄电池接线柱。

(25)润滑脂的选择包括润滑脂品种(使用性能)和稠度级号的选择。

(26)不同种类的润滑脂不能混用。

(27)换用新鲜汽车润滑脂时,必须将旧的汽车润滑脂擦净。

(28)一般情况下,润滑脂与润滑油不能混用。

思考与练习

(一)单项选择题

1.关于润滑脂基础油描述错误的是(　　　)。

　A.含量一般占润滑脂质量的70%~90%

　B.基础油分为矿物油和合成油两大类

　C.一般矿物油兼备高低温性能

　D.特殊润滑脂一般以合成油为基础油

2.关于稠化剂描述正确的是(　　　)。

　A.稠化剂含量占润滑脂质量的10%~20%

　B.稠化剂主要有皂基稠化剂和烃基稠化剂

　C.基础油中加入稠化剂就会增加流动性成为黏稠的半固体膏状物

　D.稠化剂的性质、含量不能决定润滑脂的黏稠程度、耐水性及抗热能力

3.关于添加剂的描述正确的是(　　　)。

　A.添加剂可以改进润滑脂使用性能

　B.含量占润滑脂质量的3%以下

　C.润滑脂中一般不添加金属纯化剂

　D.润滑脂中要添加抗泡沫剂

4.关于填料的描述正确的是(　　　)。

　A.润滑脂中的不加入填料

　B.填料是液体添加物

　C.钙基润滑脂含20%的鳞片石墨

　D.二硫化钼是一种典型的填料

5.关于润滑脂的结构描述正确的是(　　　)。

　A.润滑脂的结构主要是指润滑脂的稠化剂和基础油组分颗粒的物理排列

　B.润滑脂是具有结构骨架的两相胶体结构的分散体系

　C.基础油是这种分散体系中的分散介质

　D.稠化剂粒子或纤维构成骨架,将基础油保持在骨架中

　E.以上描述均正确

6.关于稠度描述正确的是(　　　)。

A. 稠度是指润滑脂在受温度变化时抵抗变形的能力

B. 稠度是弹性的一个特征

C. 稠度大小决定润滑脂的泵送和加注方式

D. 稠化剂的含量越多,润滑脂的稠度越大

7. 一般润滑脂的最高使用温度比滴点低( )。

    A. 10~20℃   B. 20~30℃   C. 30~40℃   D. 40~50℃

8. 胶体安定性是指润滑脂抵抗( )影响而保持胶体结构的能力。

    A. 温度   B. 压力   C. 速度   D. 温度和压力

9. 润滑脂按用途可分为( )。

A. 矿物油润滑脂和合成油润滑脂

B. 高温润滑脂、耐寒润滑脂、极压润滑脂

C. 减摩润滑脂、防护润滑脂和密封润滑脂

D. 烃基润滑脂、无机润滑脂、有机润滑脂

10. 目前进口车和国产新车型普遍采用( )润滑脂。

    A. 石墨钙基润滑脂   B. 钠基润滑脂

    C. 钙钠基润滑脂   D. 锂基润滑脂

(二)判断题

1. 工作温度越高,选用润滑脂的滴点也越高。   ( )

2. 运动速度越大,选用润滑脂的稠度级别就应该越高。   ( )

3. 承载负荷大,应选锥入度大的润滑脂。   ( )

4. 蓄电池接线柱,应涂工业凡士林。   ( )

5. 钢板弹簧因处于极压条件应选用通用锂基润滑脂。   ( )

(三)简答题

1. 汽车上使用润滑脂润滑的部件有哪些?

2. 简答润滑脂的选用原则。

3. 简述工业凡士林的组成。

模块九　车用空调制冷剂

学习目标

1.能准确描述对制冷剂热力性质的要求；
2.能准确描述制冷剂的物理化学性质；
3.能准确叙述制冷剂对环境影响的要求；
4.能准确叙述汽车空调制冷剂的分类；
5.能准确解读汽车空调制冷剂的性能特征；
6.能正确选择和使用汽车空调制冷剂；
7.能独立进行汽车空调制冷剂的加注作业。

建议课时

1课时。

汽车空调包括冷气、暖气、去湿和通风等装置。空调制冷剂是制冷装置完成制冷循环的物质，又称为制冷工质，俗称"冷媒"。空调在制冷循环中通过制冷剂的状态变化，进行热量转换，产生制冷效应。制冷循环的性能指标除了与工作温度有关外，还与制冷剂的性质密切相关。

一、车用空调制冷剂的性能要求

（一）对制冷剂热力性质的要求

（1）制冷剂的临界温度高。这样有利于使用一般的冷却液和空气进行冷凝，同时可以使节流损失小，制冷系数高。

（2）单位容积制冷量大。制冷剂单位容积制冷量大可以使相同产冷量时所需的压缩机尺寸较小。但对离心式制冷机或某些小型制冷机，单位容积制冷量小会使压缩机制造更容易。

（3）蒸发压力和冷凝压力适中。制冷剂冷凝压力不要太高，而蒸发压力不要太低，尤其不应低于大气压力。

（4）等熵指数小，这样有利于降低压缩机排温，提高压缩机的效率。

（二）对制冷剂物理化学性质的要求

对车用空调制冷剂物理化学性质的要求有：

（1）黏度、密度小。以减少制冷剂在制冷系统中的流动阻力损失。

（2）导热系数高。以提高热交换设备的传热系数，减少换热面积，节省材料消耗。

（3）使用安全。车用空调制冷剂应无毒、不燃烧、不爆炸。

（4）具有较好的化学稳定性和热稳定性。车用空调制冷剂与润滑油无亲和作用且互溶，对金属材料不腐蚀，在高温下不分解。

（5）易于改变吸热与散热的状态，有很强的重复改变状态能力。

（三）对环境影响的要求

长期以来，车用空调系统大多采用 R12（也写作 CFCl2，分子式为 CF_2Cl_2）作为制冷剂。由于 R12 会破坏臭氧层，危害人类的健康和生存环境，因此，根据"加拿大蒙特利尔议定书"的规定，我国从 1996 年起，车用空调制冷剂开始使用对大气臭氧无破坏，温室效应小的制冷剂 R134a（也写作 HFC134a，分子式为 $CH_2F—CF_3$），在 2000 年已经全部使用 R134a，同年（2000 年），R12 已经被禁止使用。

氟利昂（如 R11、R12）对大气中臭氧的破坏作用可用臭氧破坏系数（Relative Ozone Depletion Potential，简称 ODP）表示，并规定 R11 的 ODP 为 1.0。从而用 ODP 表示相对 R11 对大气臭氧破坏能力的大小。

氟利昂产生的温室效应用温室效应系数（Globd Waming Potentid，简称 GWP 值）来表示。并规定 R11 的 GWP 值为 1.0，用 GWP 表示相对于 R11 对温室效应的作用。

由于 CO_2 是造成全球温室效应的主要因素之一，因此目前也以 CO_2 作为比较基础。

二、汽车空调制冷剂的分类和性能特性

（一）汽车空调制冷剂的分类

制冷剂是用 R 后跟一组编号的方法来命名的，其中 R 是制冷剂（Refrigerant）的第一个字母，如 R12、R134a、R22 等。R 后的数字或字母是根据制冷剂分子的原子构成按一定规则书写。现在越来越常用的方法是采用 CFC、HCFC 或 HFC 来代替 R 以表示制冷剂分子的原子组成。不含氢原子的氯氟烃 CFC 制冷剂由氯原子、氟原子和碳原子组成；HCFC 表示制冷剂由氢原子、氯原子、氟原子和碳原子组成；HFC 表示制冷剂由氢原子、氟原子和碳原子组成。

空调制冷剂的种类较多，按制冷剂的组成成分可分为三类：

一类为无机化合物，如 NH_3（R717）、CO_2（R744）、SO_2（R764）等。

另一类是氟利昂，氟利昂（Freon）是饱和碳氢化合物的氟、氯和溴衍生物的总称，如 $CFCl_3$（R11）、CF_2Cl_2（R12）、CHF_2Cl（R22）、$C_2H_2F_4$（R134a）等。它是 20 世纪 30 年代发现的制冷剂，氟利昂类制冷剂种类多，相互间热力学性质差别大，可适用于不同的场合。

再一类就是由两种或两种以上单一工质混合而成的混合工质。混合工质有共沸混合工

质和非共沸混合工质之分。共沸混合工质是由两种或两种以上的单纯工质在常温下按一定比例混合而成,具有与单一工质相同的性质,即气液相组分相同,在恒定压力下有恒定的蒸发温度,如 R502(由 R22 和 R115 以 48.8：51.2 的质量百分比混合)等。非共沸混合工质是由两种或两种以上相互不形成共沸溶液的单一工质混合而成。由于非共沸混合工质不存在共沸点,因此在定压下冷凝或蒸发时,温度改变,且气液相成分不同。

制冷剂按沸点温度 t_S 又可分为高温(低压)制冷剂、中温(中压)制冷剂和低温(高压)制冷剂三类,具体见表 9-1。在汽车空调上过去曾经广泛使用的 R12 制冷剂和现在使用的 R134a 制冷剂均属于中温制冷剂范畴。

制冷剂按沸点温度 t_S 分类 　　　　　　　　表 9-1

类　　别	温度 t_S(℃)	制冷剂举例	应用举例
高温(低压)制冷剂	>0	R11、R113、R114 等	空调热泵
中温(中压)制冷剂	−60 ~ 0	R717、R12、R134a 等	空调热泵
低温(高压)制冷剂	< −60	R13、R14 等	复叠机的低温级

(二)汽车空调制冷剂的性能特征

汽车空调制冷剂最早广泛使用的是 R12(CF_2Cl_2),即二氟二氯甲烷,后来出现了 R12 的替代产品 R134a(HFC134a),即四氟乙烷。R12 和 R134a 制冷剂的物理化学特性见表 9-2。

R12 和 R134a 制冷剂的物理化学特性 　　　　　　表 9-2

项　　目	R12	R134a
学名	二氟二氯甲烷	1,1,1,2-四氟乙烷
分子式	CF_2Cl_2	CH_2FCF_3
分子量	120.91	102.3
沸点(1 个大气压)(℃)	−29.79	−26.19
凝固点(℃)	−157.8	−103
临界温度(℃)	111.80	101.14
临界压力(MPa)	4.125	4.065
临界密度(kg·cm^{-3})	558	511
0℃蒸发潜热[kJ·(kg)$^{-1}$]	151.4	197.5
水中溶解度(1 个大气压)质量比(%)	0.28	0.15
燃烧性	不燃	不燃
臭氧破坏能力系数(ODP)	1.0	0
温室效应能力系数(GWP)	3	0.28

三、汽车空调制冷剂的使用

(一)使用 R12 制冷剂时的注意事项

(1)制冷剂容器应避免日光直接照晒或火炉烘烤,以防意外。

（2）避免与人的皮肤直接接触以防冻伤，尤其要避免误入眼睛，以防造成失明。

（3）尽管 R12 是无毒或低毒，但在与火焰接触时会产生毒气。

（4）操作现场应通风良好。

（二）使用 R134a 制冷剂时的注意事项：

（1）R134a 与 R12 在性质和性能上都有所不同，不能互相混用，否则会造成系统机件的损坏，直至破坏整个系统。安装、检修、维护以及冲注冷媒时必须注意这一点。

（2）在使用新型制冷剂的汽车发动机和压缩机上必须以醒目的标记加以提示。

（3）R134a 与 R12 空调系统管道的接头不同。

（4）R134a 与 R12 使用的干燥剂不同。R12 使用硅胶作为干燥剂，R134a 使用沸石作为干燥剂。

（5）R134a 与 R12 使用的压缩机机油不同。

（6）R134a 与 R12 系统使用的制冷系统密封材料不同。

技能实训

充注制冷剂的方法有两种。一种是从压缩机排气阀（高压阀）的旁通孔（多用通道）充注，称为高压端充注，充入的是制冷剂液体，适用于制冷系统第一次充注。另一种是从压缩机吸气阀（低压阀）的旁通孔（多用通道）充注，称为低压端充注，充入的是制冷剂气体，适用于补充制冷剂用。

（一）高压端充注液态制冷剂

通过高压端向制冷系统充注液态制冷剂的操作步骤如下：

（1）当系统抽完真空之后，关闭歧管压力计上的高、低压手动阀。

（2）将中间软管的一端与制冷剂罐注入阀的接头连接起来，如图 9-1 所示，打开制冷剂罐注入阀，再拧开歧管压力计软管一端的螺母，让气体溢出几分钟，把空气排净，然后再拧紧螺母。

（3）拧开高压侧手动阀至全开位置，将制冷剂罐倒立，以便从高压侧充注液态制冷剂。

（4）从高压侧注入规定量的液态制冷剂后关闭制冷剂罐的注入阀及压力计上的手动高压阀，然后将仪表卸下。特别要注意，从高压侧向系统充注制冷剂时，不能起动发动机（压缩机停转），更不可拧开歧管压力计上的手动低压阀，以防产生"液击"现象。

（二）低压端充注气态制冷剂

通过歧管压力计上的手动低压阀可向制冷系统的低压侧充注气态制冷剂，步骤如下：

（1）如图 9-2 所示，将歧管压力计与压缩机和制冷剂罐连接好。

（2）打开制冷剂罐注入阀，拧松中间注入软管在歧管压力计上的螺母，直到听见有制冷剂蒸气流动的声音，然后拧紧螺母。其目的是将进入软管中的空气排净。

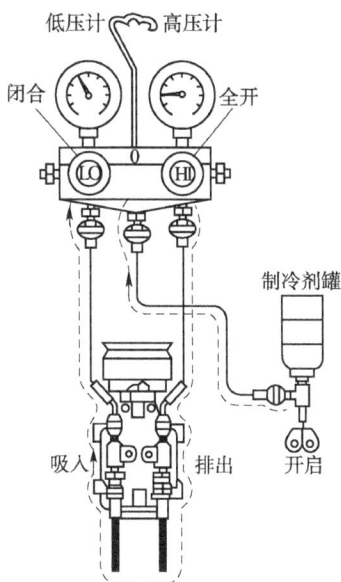

图 9-1　从高压端充注液态制冷剂　　　　图 9-2　从低压侧充注气态制冷剂

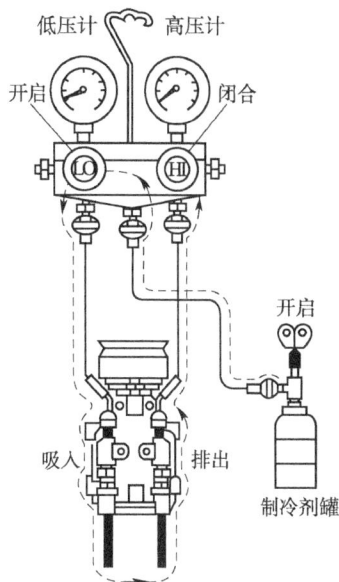

（3）打开手动低压阀,让制冷剂进入制冷系统。当系统的压力值达到 0.4MPa 时,关闭手动低压阀。

（4）起动发动机,将空调开关接通,并将鼓风机开关和温度控制开关都调至最大。

（5）再打开歧管压力计上的手动低压阀,让制冷剂继续进入制冷系统,直至充注量达到规定值。

（6）在向系统中充注规定量制冷剂之后,从视液镜处观察,确认系统内无气泡、无过量制冷剂。随后将发动机转速调至 2000r/min,冷风机风量开到最高挡,若气温在 30～35℃,系统内低压侧压力应为 147～192kPa,高压侧压力应为 1370～1670kPa。

（7）充注完毕后,关闭歧管压力计上的手动低压阀,关闭装在制冷剂罐上的注入阀,使发动机停止运转;将歧管压力计从压缩机上卸下,卸下时动作要迅速,以免过多制冷剂泄出。

模块小结

（1）用空调制冷剂热力性质的要求:制冷剂的临界温度高;单位容积制冷量大;蒸发压力和冷凝压力适中;等熵指数小,提高压缩机的效率。

（2）车用空调制冷剂物理化学性质的要求有:黏度、密度小;导热系数高;使用安全;具有较好的化学稳定性和热稳定性;易于改变吸热与散热的状态,有很强的重复改变状态能力。

（3）空调制冷剂的种类较多,按制冷剂的组成成分可分为三类:一类为无机化合物,如 NH_3（R717）、CO_2（R744）、SO_2（R764）等;另一类是氟利昂,氟利昂（Freon）是饱和碳氢化合物的氟、氯和溴衍生物的总称;再一类就是由两种或两种以上单一工质混合而成的混合工质。

(4)使用 R12 制冷剂时的注意事项:制冷剂容器应避免日光直接照晒或火炉烘烤,以防意外;避免与人的皮肤直接接触以防冻伤,尤其要避免误入眼睛,以防造成失明;尽管 R12 是无毒或低毒,但在与火焰接触时会产生毒气;操作现场应通风良好。

(5)使用 R134a 制冷剂时的注意事项:R134a 与 R12 不能互相混用,空调系统管道的接头不同,使用的干燥剂不同,使用的压缩机机油不同,使用的制冷系统密封材料不同。

思考与练习

(一)单项选择题

1. 关于空调制冷剂描述错误的是(　　　)。

A. 制冷剂的临界温度高,可以使节流损失小,制冷系数高

B. 制冷剂单位容积制冷量大可以使相同产冷量时所需的压缩机尺寸较小

C. 蒸发压力和冷凝压力不能太低,尤其不应低于大气压力

D. 等熵指数小有利于提高压缩机的效率

2. 关于 R12 的描述正确的是(　　　)。

A. 以前车用空调系统大多采用 R12

B. R12 会破坏臭氧层,危害人类的健康和生存环境

C. 在 2000 年已经全部使用 R134a,R12 已经被禁止使用

D. R12 分子式为 CF_2Cl_2,也写作为 CFCl2

E. 以上说法均正确

3. 关于 R134a 的说法错误的是(　　　)。

A. R134a 是一种氟利昂 　　　　　　　B. R134a 是一种混合工质

C. R134a 也可写作为 $C_2H_2F_4$ 　　　　D. R134a 的分子式是 HFC134a

4. 中温(中压)制冷剂包括(　　　)。

A. R11、R113、R114 　　　　　　　　B. R717、R12、R134a

C. R13、R14 　　　　　　　　　　　　D. R502

5. 关于 R134a 与 R12 的描述正确的是(　　　)。

A. R134a 与 R12 不能互相混用

B. R134a 与 R12 空调系统管道的接头不同

C. R134a 与 R12 使用的干燥剂相同

D. R134a 与 R12 使用的压缩机机油不同

(二)判断题

1. 汽车空调包括冷气、暖气、去湿和通风等装置。　　　　　　　　　　　　(　　　)

2. 空调制冷剂是制冷装置完成制冷循环的物质,又称为制冷工质,俗称"冷媒"。

(　　　)

3. 车用空调制冷黏度小、密度大。　　　　　　　　　　　　　　　　　　(　　　)

4. 车用空调制冷剂与润滑油无亲和作用且互溶,对金属材料有轻微腐蚀作用,在高温下

少许分解。　　　　　　　　　　　　　　　　　　　　　（　　　）

    5. R12 的 GWP 值为 1.0。　　　　　　　　　　　　　　（　　　）

（三）简答题

    1. 对制冷剂热力性质的要求有哪些？

    2. 制冷剂的物理化学性质有哪些？

    3. 汽车空调制冷剂的分类有哪些？

    4. 使用 R134a 冷剂时应注意哪些问题？

模块十　汽车风窗玻璃清洗液

学习目标

1. 能准确描述汽车风窗玻璃清洗液的性能要求；
2. 能准确描述汽车风窗玻璃清洗液的技术要求；
3. 能准确叙述汽车风窗玻璃清洗液的分类；
4. 能准确叙述汽车风窗玻璃清洗液质量标准；
5. 能准确解读汽车风窗玻璃清洗液的配方及选用；
6. 能正确加注汽车风窗玻璃清洗液。

建议课时

1 课时。

　　汽车在行驶过程中，自身或其他车辆溅起的泥土、废气中含有的未完全燃烧的油气与道路沥青和雨水的混合物、抛光剂的蜡与雨水的混合物以及树胶（松树树胶尤甚）、昆虫的尸体、虫胶、鸟粪等会附着在汽车的风窗玻璃上，这些物质的存在严重影响驾驶员的视野、不利于行车安全。汽车风窗玻璃清洗液能清洗这些污物，确保风窗玻璃洁净、清晰。

一、汽车风窗玻璃清洗液的性能要求

　　汽车风窗玻璃清洗液（俗称玻璃水，由于具有防冻功能，又称防冻玻璃水）要求对附着在风窗玻璃上的各种物质具有浸透、乳化、分散、溶解的功能，以便将其清洗干净。

　　汽车风窗玻璃清洗液的性能要求主要有：

　　(1)汽车风窗玻璃清洗液对车辆刮水器的材料（如铝、锌、橡胶、塑料和油漆涂层等）不应产生腐蚀或其他影响。

　　(2)在冬季使用的汽车风窗玻璃清洗液，应具有较低的凝点，以防在低温时结冰而不可使用。一般要求风窗玻璃清洗液的凝点为 −20℃，对于特别严寒地区可特殊配制。

　　(3)要求风窗玻璃清洗液在低温和高温交变时应没有分离和沉淀。汽车风窗玻璃清洗液多用于雨雪天气，平时存放于发动机舱的储液壶内，时而加热，时而冷却，如果易发生分离、沉淀，则容易造成系统内部堵塞，影响其正常喷射。

　　因此，汽车风窗玻璃清洗液应在一定浓度范围内对金属不腐蚀，对非金属的性能不产生影响,又能有效地去除各种污垢,确保风窗具有良好的视野,在冷热交变下稳定性好,还要对人的皮肤和嗅觉无刺激及不造成不适反应。

二、汽车风窗玻璃清洗液的技术要求及质量标准

(一)汽车风窗玻璃清洗液的技术要求

汽车风窗玻璃清洗液的技术要求见表10-1。

汽车风窗玻璃清洗液的技术要求 表10-1

项 目		规 定	条 件
凝固温度		−20℃以下或根据用户意见商定	
pH 值		6.5~10.0	
清洁性	洗净性 分散性	透过风窗玻璃应可看见前方视野; 可容易地对油污成分乳化分散	
金属腐蚀	铝板 不锈钢板 黄铜 铬酸盐镀锌板	应无明显的点状腐蚀和粗糙表面	50℃±2℃ 48h
对橡胶影响	天然橡胶 三元乙丙橡胶 氯丁橡胶	应无表面的黏结、炭黑脱落以及龟裂等异常现象	50℃±2℃ 120h±2h
对塑料影响	聚乙烯树脂 聚丙烯树脂	无明显变形和变色现象	50℃±2℃ 120h±2h
对涂层影响	丙烯树脂磁漆 氨基醇酸树脂漆	应无涂层软化和膨胀现象,试验前后的光泽和颜色应无变化	50℃±2℃ 6h
稳定性	加热稳定性	允许有棉毛状沉淀但不应有结晶粒子	50℃±2℃ 8h后 20℃±15℃ 稳定性
	低温稳定性		−15℃±2℃ 8h后 20℃±15℃ 16h

(二)汽车风窗玻璃清洗液的分类及质量标准

《汽车风窗玻璃清洗液》(GB/T 23436—2009)按照主要组分将汽车风窗玻璃清洗液分为水基型和疏水型两大类。

水基型清洗液是指以醇类物质、水和表面活性剂为主要组分的清洗液,疏水型清洗液是指以硅树胶类物质为主要组分的清洗液。

水基型汽车风窗玻璃清洗液按照冰点不同,又分为普通型(冰点低于0℃)和低温型(冰点低于-20℃)两种。

国产汽车风窗玻璃清洗液的质量标准见表10-2。

国产汽车风窗玻璃清洗液的质量标准

表 10-2

项 目			技 术 要 求			试验方法
			水基型		疏水型	
			普通型	低温型		
冰点(℃)			≤0	≤-20	≤-20	SH/T 0099
pH 值	原液		6.5~10.0		4.0~10.0	SH/T 0069
	最低使用浓度溶液					
外观			无分层、沉淀现象			附录 A
最低使用温度下的洗净力			试验后玻璃的明净程度应与标准液相同或更佳			附录 B
相容性			无分层、沉淀现象			附录 C
金属腐蚀性(最低使用浓度溶液)(50℃±2℃,48h)	金属试片质量变化(mg/cm²)	铝片	±0.30			附录 D
		黄铜片	±0.15			
		镀锌钢板	±0.80			
	试验后金属片外观		除连接处外,无肉眼可见坑蚀或表面粗糙现象			
对橡胶的影响(原液)(50℃±2℃,120h)	质量变化(%)	天然橡胶	±1.5			附录 E
		氯丁橡胶	±3.0			
	硬度变化 IRHD	天然橡胶	±5			
		氯丁橡胶	±5			
	试验后橡胶试片外观		无发黏、鼓泡、炭黑析出现象			
对塑料的影响(原液)(50℃±2℃,120h)	塑料试片质量变化(mg/cm²)	聚乙烯树脂	±1.0			附录 F
		聚丙烯树脂	±1.0			
		ABS 树脂	±4.0			
		软质聚氯乙烯树脂	±3.0			
		聚甲醛树脂	±3.0			
	试验后塑料试片外观		无严重变形			
对汽车有机涂膜的影响(原液)(50℃±2℃,6h)	涂膜硬度	丙烯酸树脂烤漆(蓝色)	≥HB			附录 G
		氨基醇树脂漆(白色或黑色)	≥HB			
	试验后试验片的外观		漆膜无软化或鼓泡,试验后光泽颜色无变化			

续上表

项 目			技 术 要 求			试验方法
			水基型		疏水型	
			普通型	低温型		
热稳定性 (50℃±2℃, 8h)	pH 值	原液	6.5~10.0		4.0~10.0	附录H
		最低使用浓度溶液				
	试验后试样外观		无结晶性沉淀物			
低温稳定性 (-30℃±2℃, 8h)	试验后试样外观	原液	无结晶性沉淀物			
		最低使用浓度溶液				
抗水性	原液		—		≥65	附录I
	最低使用浓度溶液					

三、汽车风窗玻璃清洗液的配方及选用

为了满足汽车风窗玻璃清洗液的性能要求,在汽车风窗玻璃清洗液中常常添加表面活性剂、防雾剂、阻凝剂、无机助洗剂、有机助洗剂等。

(一)汽车风窗玻璃清洗液配方

汽车风窗玻璃清洗液配方见表10-3。

汽车风窗玻璃清洗液配方 表10-3

组 成	配方1(%)	配方2(%)
表面活性剂	4.0	5.0
防雾剂	1.0	—
阻凝剂	3.5	—
无机助洗剂	6.0	—
有机助洗剂	1.5	22.0
水分	余量	余量

将表10-3所述溶液,根据不同季节需要,按5%~10%稀释,即可获得不同凝点的汽车风窗玻璃清洗液。该清洗液去污性好,不损坏金属、非金属表面。

(二)汽车风窗玻璃清洗液的选择

推荐使用水基型汽车风窗玻璃清洗液。一般应按照冰点比使用地区最低环境温度低10℃以下的原则选用。

夏天可以选择使用普通型(冰点低于0℃)水基清洗液;冬天应选择使用低温型(冰点低于-20℃)水基清洗液。

(三)汽车风窗玻璃清洗液的加注

汽车风窗玻璃清洗液属于一次性消耗品,应根据使用情况随时补充。汽车风窗玻璃清

洗液的加注比较简单。只要找到风窗玻璃清洗液储液壶,打开储液壶的加注口盖子,把汽车风窗玻璃清洗液加满,然后扣上盖子即可。

技能实训

(一)清洗液喷不出来

清洗液喷不出来的原因比较多,但不难判别。常见的原因有:

(1)清洗液已经耗尽。只需及时补充、添加即可。

(2)清洗液输送泵损坏或被冻住,不能正常工作(多发生于寒冷的冬季)。如果清洗液输送泵未损坏,只是泵或清洗液被冻住,借助于发动机的辐射热,会很快解冻,恢复正常工作。

(3)清洗液输送软管(塑料管)性能欠佳,在低温下变脆,打开发动机舱盖时,清洗液输送软管受弯断裂,清洗液泄失。只需采取有针对性的维修措施,即可修复。

(4)清洗液喷嘴被脏物堵住或被冻住,只需及时疏通即可正常工作。

(二)清洗液喷射无力

(1)清洗液过少。只需及时补充、添加即可。

(2)清洗液输送泵老化,压力不足。只需及时更换即可。

(3)清洗液输送软管有漏点,造成清洗液泄漏。只需采取有针对性的维修措施,即可修复。

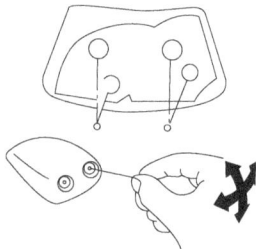

图 10-1 清洗液的喷射点及其调整

(三)清洗液的喷射点偏离工作范围

清洗液的喷射点应落在刮水器工作范围之内。若已偏离刮水器工作范围,则应对清洗液喷嘴进行必要的调整。

将一根与清洗液喷嘴孔相匹配的钢丝(家用缝衣针亦可)插入喷嘴孔,如图 10-1 所示,根据需要(上、下、左、右)调整喷射方向即可。在寒冷的冬季,最好在调整前先用电吹风将清洗液喷嘴适度加热,这样调整起来会更加方便。

模块小结

(1)汽车风窗玻璃清洗液的性能要求主要有:汽车风窗玻璃清洗液对车辆刮水器的材料不应产生腐蚀或其他影响;在冬季使用的汽车风窗玻璃清洗液,应具有较低的凝点;要求风窗玻璃清洗液在低温和高温交变时应没有分离和沉淀。

(2)《汽车风窗玻璃清洗液》(GB/T 23436—2009)按照主要组分将汽车风窗玻璃清洗液分为水基型和疏水型两大类。水基型清洗液是指以醇类物质、水和表面活性剂为主要组分的清洗液;疏水型清洗液是指以硅树胶类物质为主要组分的清洗液。

(3)为了满足汽车风窗玻璃清洗液的性能要求,在汽车风窗玻璃清洗液中常常添加表面活性剂、防雾剂、阻凝剂、无机助洗剂、有机助洗剂等。

(4)汽车风窗玻璃清洗液的选择:推荐使用水基型汽车风窗玻璃清洗液;夏天可以选择使用普通型(冰点低于0℃)水基清洗液;冬天应选择使用低温型(冰点低于－20℃)水基清洗液。

(5)汽车风窗玻璃清洗液应根据使用情况随时补充。

思考与练习

(一)单项选择题

1.一般要求风窗玻璃清洗液的凝点是(　　　)。
　　A.－25℃　　　　　　B.－20℃　　　　　　C.－15℃　　　　　　D.－10℃

2.汽车风窗玻璃清洗液对金属的腐蚀描述正确是(　　　)。
　　A.完全不产生腐蚀　　　　　　　　B.在一定浓度范围内不产生腐蚀

3.关于水基型清洗液描述错误的是(　　　)。
　　A.水基型清洗液是指以醇类物质、水和表面活性剂为主要组分的清洗液
　　B.水基型清洗液是指以硅树胶类物质为主要组分的清洗液
　　C.水基型清洗液又分为普通型和低温型两种
　　D.目前车辆推荐使用水基型汽车风窗玻璃清洗液

4.在选择水基型汽车风窗玻璃清洗液时,应按照冰点比使用地区最低环境温度低(　　　)以下的原则选用。
　　A.10℃　　　　　　　B.0℃　　　　　　　C.－10℃　　　　　　D.－20℃

(二)判断题

1.汽车风窗玻璃清洗液俗称防冻玻璃水。　　　　　　　　　　　　　　(　　　)

2.汽车风窗玻璃清洗液对附着在风窗玻璃上的各种物质具有浸透、乳化、分散、溶解的功能。　　　　　　　　　　　　　　　　　　　　　　　　　　　　(　　　)

3.汽车风窗玻璃清洗液在低温和高温交变时没有分离和沉淀。　　　　(　　　)

4.汽车风窗玻璃清洗液中常常添加表面活性剂、防雾剂、阻凝剂、无机助洗剂、抗泡沫剂等。　　　　　　　　　　　　　　　　　　　　　　　　　　　　　(　　　)

5.普通型水基型汽车风窗玻璃清洗液的冰点小于或等于0℃。　　　　(　　　)

(三)简答题

1.简述汽车风窗玻璃清洗液的性能要求。
2.简述汽车风窗玻璃清洗液的类型及适用范围。
3.汽车风窗玻璃清洗液的使用时的常见问题有哪些?

模块十一　蓄电池电解液

学习目标

1. 能够叙述铅酸蓄电池电解液的组成；
2. 能够叙述铅酸蓄电池电解液的质量标准；
3. 能够使用工具对铅酸蓄电池电解液进行检测。

建议课时

2 课时。

一、铅酸蓄电池电解液的组成

汽车所用的普通铅酸蓄电池,正负极板浸入稀硫酸电解液中成为单体电池,每个单体电池的标称电压为 2.1V 左右。为增加铅酸电池的容量,一般由多块极板组成极群,即多块正极板和多块负极板分别用连接条(汇流排)焊接在一起,共同组成电池。电动汽车的辅助电源及传统内燃机汽车用的 12V 铅酸起动电池就是由 6 个独立的铅酸电池单体组成的,而电动汽车的动力电池组则为多个电池以多种方式组合成的大容量电池。

电解液由纯净硫酸和蒸馏水按一定比例配制而成,也叫稀硫酸。蓄电池的电解液密度一般为 $1.24 \sim 1.30 \mathrm{g/cm^3}$。电解液的密度对蓄电池的工作有重要影响,密度大,可减少结冰的危险并提高蓄电池的容量,但密度过大,则黏度大,反而会降低蓄电池的容量,缩短其使用寿命。使用时,电解液的密度应根据地区、气候条件和制造厂商的要求而定。

铅酸蓄电池中使用的电解液是氢离子浓度最高时的硫酸溶液,此时硫酸液的相对密度大约为 $1.3 \mathrm{g/cm^3}$,极板是由铅网表面涂上铅粉构成的,出厂时对极板进行充电处理,正极板变为棕色,负极板变为灰色,蓄电池充电时把电能变为化学能,放电时相反,可反复使用。铅酸蓄电池电解液不是一般的工业用硫酸,是电池用硫酸,对纯度有更高的要求,在生产中将医药用硫酸与蒸馏水调成相对密度为 $1.25 \sim 1.40 \mathrm{g/cm^3}$ 的稀硫酸,就成为铅蓄电池的电解液。

当蓄电池充足电时,正极板上的活性物质是二氧化铅,负极板上的活性物质是纯铅。

放电过程:在电解液(纯硫酸 + 蒸馏水)的作用下,正极板上二氧化铅电离为四价铅离子和二价氧离子,铅离子附着在正极板上,氧离子进入电解液中,使正极板具有 2.0V 的正电位。负极板上的纯铅电离为二价铅离子和两个电子,铅离子进入电解液中,电子留在负极,

使负极具有 -0.1V 的负电位,这样在正负极板间产生了电位差,这个电位差为 2.1V。

充电过程:如果把放电后的蓄电池接一个直流电源,使蓄电池正极接直流电源的正极,蓄电池的负极接直流电源的负极,当外加电源电压高于蓄电池电动势时,电流将以与放电电流相反的方向流过蓄电池,使蓄电池正、负极发生与放电相反的化学反应。充电时,正极板处外加电流将两个电子经外电路输送到负极板上,正极板上原二价铅离子因失去两个电子而成为四价铅离子,再与蒸馏水反应生成二氧化铅附着在正极板上;在负极板上,得到两个电子与原二价铅离子结合而生成纯铅附着在负极板上,在充电过程中要生成硫酸。

综上所述,蓄电池的充、放电过程中的化学反应是可逆的,其化学反应方程式为:

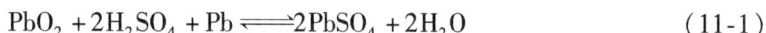

$$PbO_2 + 2H_2SO_4 + Pb \rightleftharpoons 2PbSO_4 + 2H_2O \tag{11-1}$$

二、质量标准

根据机械行业标准《铅酸蓄电池用电解液》(JB/T 10052—2010),检测电解液的方法主要有外观检测及密度检测。外观检测应在光线明亮的室内,目测电解液表面的颜色是否无色透明。

根据机械行业标准《铅酸蓄电池用电解液》(JB/T 10052—2010),电解液内物质应符合表 11-1 所示要求。

电 解 液 标 准　　　　　　　　　　　表 11-1

序号	检 验 项 目	指　标	
		排气式	阀控式
1	外观	无色、透明	
2	密度(25℃) g/cm²	1.100～1.300	1.100～1.300
3	硫酸(H₂SO₄)含量(质量分数)	15%～40%	15%～40%
4	还原高锰酸钾物质以氧(O)计含量(质量分数)	≤0.0007%	≤0.0006%
5	氯(Cl)含量(质量分数)	≤0.0005%	≤0.0003%
6	铁(Fe)含量(质量分数)	≤0.0030%	≤0.0010%
7	锰(Mn)含量(质量分数)	≤0.00004%	≤0.00004%
8	铜(Cu)含量(质量分数)	≤0.0010%	≤0.0010%

三、铅酸蓄电池电解液的检测

在正常情况下,电解液的液面高度应高出极板 10～15mm。电解液的液面高度既不能过高,也不能过低,过高易使电解液泄漏,过低易使极板露出而硫化。检查电解液的液面高度,可用内径为 5～6mm 的玻璃管从加液口插入,下端抵住极板,用手指堵住上端口后提起,若玻璃管内下端液柱长度为 10～15mm,说明液面高度正确。对于透明塑料外壳的蓄电池,从外面便可直接观察到液面高度,液面高度处于最高和最低刻线之间为正常。当电解液液面高度过低时应及时补充蒸馏水,使其恢复正确的液面高度。

在正常情况下电解液的密度为 1.24～1.30 g/cm³,可以使用电解液密度计对电解液密度进行检测,电解液密度计如图 11-1 所示。电解液密

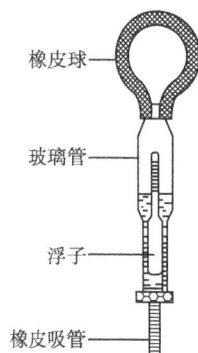

橡皮球

玻璃管

浮子

橡皮吸管

图 11-1　电解液密度计

度计是用来检查和调整电解液密度,以确定蓄电池技术状态的专用工具。测量范围为 $1.100 \sim 1.300 \text{g/cm}^3$。其最小刻度值为 0.005g/cm^3。

技能实训

(一)铅酸蓄电池电解液液面高度检查

1. 准备工作

(1)场地设施:工作台。

(2)设备设施:铅酸蓄电池、玻璃管、抹布。

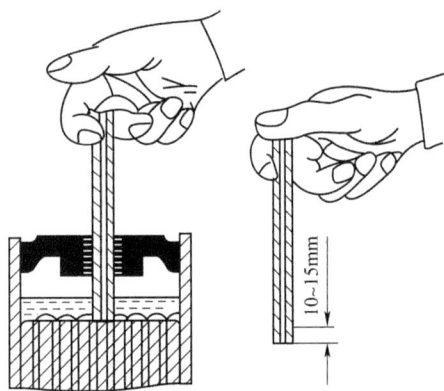

图11-2　测量液面高度

2. 实训过程

(1)打开铅酸蓄电池加液孔盖。

(2)将玻璃管伸入单格电池中,并与防护板接触。用拇指堵住管的上端口,然后提出液面,如图11-2所示。注意玻璃管提出后,不要离开加液孔上方,避免电解液滴落到其他地方。

(3)测出管内液体高度,该高度即为高出极板的液面高度,其值一般为 $10 \sim 15 \text{mm}$。

(4)用相同方法检查其余单格。

(5)用抹布清洁玻璃管,并盖好铅酸蓄电池加液孔盖。

(二)铅酸蓄电池电解液密度检查

1. 准备工作

(1)场地设施:工作台。

(2)设备设施:铅酸蓄电池、电解液密度计、抹布。

2. 实训过程

(1)打开铅酸蓄电池加液孔盖。

(2)用力捏紧电解液密度计橡皮球,使其排气。

(3)将橡皮管伸入电解液,慢慢放松橡皮球,待吸入的电解液达玻璃吸管高度的 2/3 时,慢慢将密度计提出液面,如图11-3所示。为避免电解液滴落到其他地方,密度计不要离开电池加液孔上方。

(4)读数。液面与密度计刻度线对齐,视线见图11-4位置,读出电解液密度。

(5)校正密度。实训室蓄电池完全充电状态时,电解液密度为:

$$\Gamma_{15℃} = 1.26 \tag{11-2}$$

密度校正公式:

$$\gamma_{15℃} = \gamma_t + 0.00075(t-15)$$

式中:t——实测电解液温度;

　　γ_t——实测电解液密度。

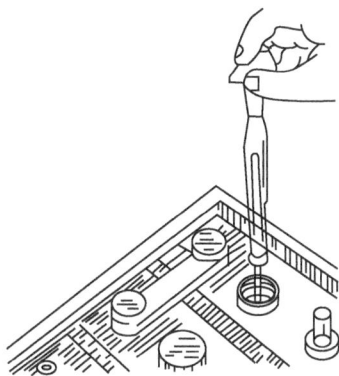

图 11-3　电解液密度计取电解液　　　　图 11-4　读取电解液密度值

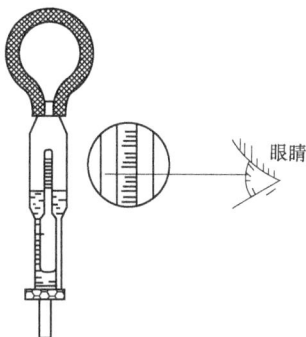

(6)依次检查每个单格的电解液密度,各单格密度差应小于0.025。

(7)用抹布清洁玻璃管,并盖好铅酸蓄电池加液孔盖。

模块小结

(1)电解液由纯净硫酸和蒸馏水按一定比例配制而成,也叫稀硫酸。

(2)蓄电池的电解液密度一般为 $1.24 \sim 1.30 \text{g/cm}^3$。

(3)电解液的密度对蓄电池的工作有重要影响,密度大,可减少结冰的危险并提高蓄电池的容量。

(4)电解液密度过大,则黏度大,反而会降低蓄电池的容量,缩短使用寿命。

(5)在正常情况下,电解液的液面高度应高出极板 $10 \sim 15 \text{mm}$。

(6)用电解液密度计是用来检查和调整电解液密度。

思考与练习

(一)单项选择题

1.铅酸蓄电池正极板上的活性物质(　　)。

　　A. PbO_2　　　　　　B. Pb　　　　　　　C. PbO　　　　　　D. AlO_2

2.铅酸蓄电池的电解液为(　　)。

　　A. 稀盐酸　　　　　B. 稀硫酸　　　　　C. 浓硫酸　　　　　D. 稀硝酸

3.消除蓄电池记忆的方法是(　　)。

　　A. 只要把蓄电池完全放电,重复完全放电两至三次

　　B. 把蓄电池完全放电,然后重新充满,重复充放电两至三次

　　C. 只要把蓄电池完全充满电,重复完全充满两至三次即可

　　D. 无法消除

4.铅酸蓄电池负极板上的活性物质(　　)。

A. PbO_2　　　　　　　B. Pb　　　　　　　C. PbO　　　　　　　D. AlO_2

(二)判断题

1.电解液密度过大,则黏度小,反而会降低蓄电池的容量,缩短使用寿命。　　　(　　)

2.铅酸蓄电池电解液可以使用工业用硫酸与蒸馏水进行。　　　(　　)

(三)简答题

1.简述铅酸蓄电池的检测方法。

2.测量铅酸蓄电池电解液密度时,室温为25℃,电解液密度计显示密度为 $1.25 g/cm^3$,请计算此时电解液的校正密度。

模块十二 汽车轮胎

学习目标

1. 能准确描述轮胎的作用及分类；
2. 能准确描述不同的胎面花纹特点；
3. 能准确叙述轮胎组成；
4. 能准确叙述子午线轮胎的优缺点；
5. 能准确解读轮胎规格；
6. 能准确叙述轮胎的使用和维护原则；
7. 能准确叙述轮胎成色的判定方法；
8. 能准确判断轮胎不同类型磨损的原因；
9. 能准确叙述轮胎换位方法；
10. 能正确利用工具进行轮胎的拆装及更换。

建议课时

8 课时。

一、汽车轮胎的作用及分类

(一)轮胎的作用

1. 承重

汽车所有部件中只有轮胎直接与地面接触,汽车自重以及车上乘客货物的质量等都是由轮胎来支撑的。

2. 附着

轮胎与地面直接接触,可以与路面相互作用产生保证汽车行驶所需的驱动力及减速停车所需制动力,因此轮胎与路面要有良好的附着性能,可通过不同类型的轮胎花纹增强轮胎与路面的附着力。

3. 缓冲

汽车在行驶过程中会受到冲击和振动,为了保证行驶平顺及乘坐舒适,汽车轮胎必须具有一定的弹性,以对汽车行驶中所受到的冲击载荷起到缓冲作用。

(二)汽车轮胎的分类

按照轮胎胎体帘布层分:子午线轮胎、斜交轮胎。

按照轮胎花纹分:普通花纹轮胎、混合花纹轮胎、越野花纹轮胎。

按照轮胎保持空气的方法分:有内胎轮胎、无内胎轮胎。

按照轮胎胎体结构分:充气轮胎、实心轮胎。

按照轮胎充气压力分:高压胎(0.5~0.7MPa)、低压胎(0.15~0.45MPa)和超低压胎(0.15MPa以下)。目前汽车大多数都采用低压充气轮胎。

按照轮胎使用季节分:冬季轮胎和夏季轮胎。夏季轮胎一般一年四季都可使用,也可叫四季轮胎;冬季轮胎主要是针对北方多雪路面的,轮胎胎面做了特别的处理,有良好的防滑性能。

二、汽车轮胎的构造

(一)有内胎充气轮胎构造

普通有内胎的充气轮胎由外胎、内胎和垫带组成,如图12-1所示。

1. 外胎

外胎由胎面、缓冲层、帘布层、胎圈组成,如图12-2所示。

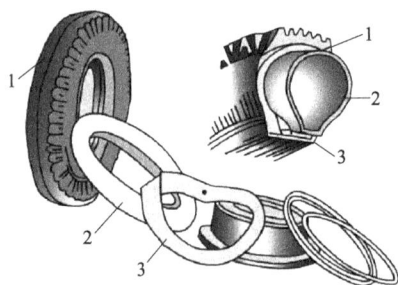

图 12-1　有内胎的充气轮胎

1-外胎;2-内胎;3-垫带

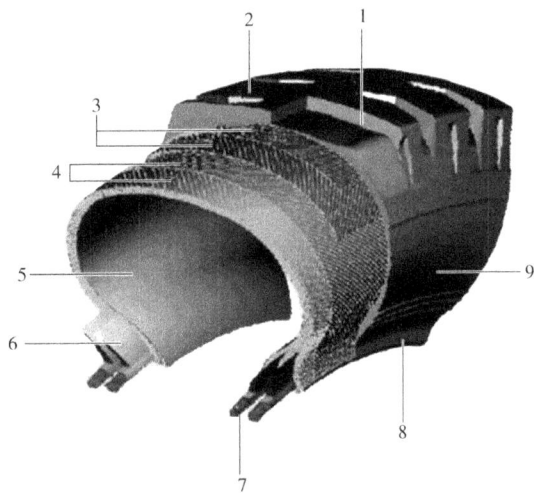

图 12-2　外胎结构

1-胎面胶;2-花纹;3-缓冲层;4-胎体帘布层;5-内面部;6-三角胶;7-胎唇钢丝;8-胎唇部;9-胎边胶

(1)胎面。胎面是外胎的表层,主要作用是保护胎体,以防路面对胎体造成损害。胎面由胎冠、胎肩和胎侧三部分组成。

胎冠是指轮胎直接跟路面接触的部分。主要作用是与路面产生较大的附着力,承受路面各种冲击和磨损。要求胎冠有足够的强度、刚度和耐磨性。胎冠上还制有各种花纹,用于增强轮胎附着力和排水能力。

轮胎花纹主要分普通花纹、混合花纹、越野花纹,普通花纹又分为横向花纹和纵向花纹,如图 12-3 所示。

普通花纹细而浅,滚动阻力小,适用于沥青路面、混凝土路面、碎石路面和硬土路等。横向花纹的花纹方向跟轮胎旋转方向不一致,不易夹石,不易纵向滑移,排水性能好,耐磨性好;但不易散热,易横向滑移且滚动阻力大。纵向花纹的花纹方向跟轮胎旋转方向一致,滚动阻力小,操控性好,不易侧滑,胎噪小,散热好;但易夹石,排水性能差,易纵向滑移。轿车一般选用纵向花纹轮胎,货车选用横向花纹轮胎。

越野花纹深而粗,轮胎胎压低,适用于松软路面、崎岖路面、泥泞路面、冰雪路面等,在这些路面上行驶时附着性好。越野花纹分为有向花纹和无向花纹两种,安装用作驱动轮的有向花纹越野轮胎时,花纹尖端应与车轮旋转方向相同,防止泥土堵塞花纹,降低

横向花纹　　纵向花纹　　混合花纹

越野花纹1　　越野花纹2

图 12-3　胎面花纹

轮胎附着力;安装用作从动轮的有向花纹越野轮胎时,花纹尖端应与车轮旋转方向相反,以免轮胎不均匀磨损。

混合花纹介于普通花纹和越野花纹之间,兼顾了两者的使用要求。

胎肩是较硬的胎冠与较薄的胎侧间的过渡部分。胎肩为了方便散热也制有各种花纹。

胎侧是指胎体帘布侧壁的橡胶薄层。主要作用是保护胎侧帘布层不受磨损。在汽车行驶中,胎侧通过弹性变形缓冲振动,胎侧标记还对轮胎规格、厂家信息等进行详细说明。

(2)缓冲层。缓冲层指的是斜交轮胎胎面和胎体之间的纤维层。主要作用是缓冲和衰减路面振动,保护胎体,同时使胎体与胎面更加黏合,增大它们之间的附着力。

缓冲层可吸收从路面传至胎体的振动,减少帘布层的损伤和承受轮胎在行驶时或突然停止时由于惯性作用而产生的剪切应力。

(3)帘布层。帘布层用钢丝、聚酯纤维、棉线、尼龙、人造丝等材料加工制成,是外胎的骨架,用来保证轮胎形状和尺寸的稳定。轮胎胎侧标有帘布层具体的结构层数,层数越多,轮胎强度越大,但轮胎的弹性会下降。

帘布层的帘线与轮胎子午断面的夹角一般为 52°～54°,根据帘布层的排列方式不同可将轮胎分为斜交轮胎和子午线轮胎,如图 12-4 所示。

斜交轮胎是指帘布层帘线与胎面中心夹角呈 35°角,按斜线交叉排列的充气轮胎。

斜交轮胎的帘线从一侧胎边穿过胎面到另一侧胎边,所以胎面和胎侧的弹性一致,外胎柔软,胎噪小,乘坐舒适,且价格便宜,易制造生产。

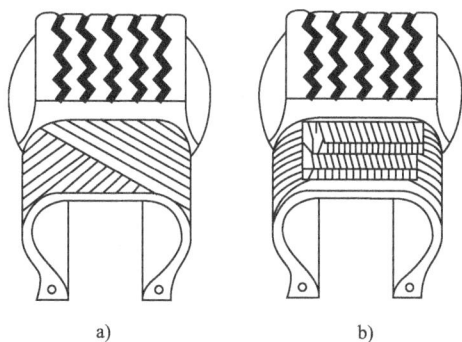

a)　　　　　　　　b)

图 12-4　轮胎结构形式

a)普通斜交轮胎;b)子午线轮胎

斜交轮胎的缺点是接地面积小,滚动阻力大,承载力低,燃油消耗高,抗侧向能力差。

子午线轮胎是指帘布层帘线与胎面中心夹角呈90°角的充气轮胎,因与地球子午线相似而得名。子午线轮胎的缓冲层采用的是高强度且变形小的钢丝帘布或者棉布帘布,缓冲层环形紧箍在胎体上,提高了轮胎的刚性和耐磨性。

子午线轮胎的优点如下:

①滚动阻力小,燃油消耗低。子午线轮胎周向变形小,轮胎行驶温度低,滚动阻力小,可降低燃油消耗3% ~8%。

②承载能力强。子午线轮胎帘线排列方向和轮胎变形方向一致,帘线强度得到最大限度的发挥,承载能力比斜交轮胎高10%以上。

③耐磨性能好。子午线轮胎的带束层中运用了坚硬的钢丝结构,耐磨且不易刺穿。

④附着性能好。子午线轮胎接地面积大,且受力分布均匀,附着力大,从而提高了承受侧向力的能力,减小了侧滑。

⑤散热性能好。子午线轮胎帘布层数少,帘布层之间摩擦小,因此散热快。

子午线轮胎的缺点是:胎冠坚硬厚实,胎侧柔软且薄,在胎冠和胎侧过渡处易产生裂口;轮胎噪声大;技术要求高,生产成本高。

(4)胎圈。胎圈由胎圈芯和胎圈包布等组成,主要作用是将轮胎固定在轮辋上。胎圈要有足够的刚度和强度,以承受轮胎内压产生的伸张力和轮胎转弯时的侧向力。

2. 内胎

内胎是装有气门嘴的环形橡胶管,应耐热且具有良好的弹性以及气密性,充气后起到缓冲和承载作用。

3. 垫带

垫带是装在内胎和轮辋之间的环形胶带,主要作用是保护内胎,以防内胎被轮辋和胎圈磨损或擦伤。

(二)无内胎轮胎构造

无内胎的轮胎没有内胎和垫带,空气直接压入外胎中,对轮胎与轮辋间的密封性要求很高。近年来已经得到广泛使用,其结构如图12-5所示。

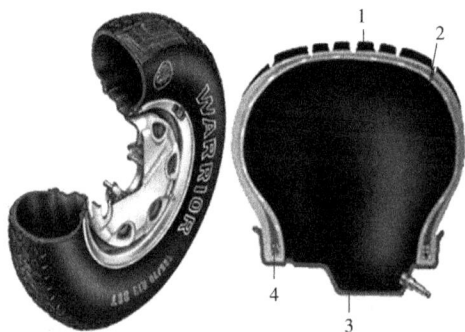

图12-5　无内胎轮胎
1-胎面;2-气密层;3-轮辋;4-钢丝圈

无内胎轮胎的优点是:

(1)穿孔可自行黏合。无内胎轮胎在外胎内壁上有一层2~3mm的橡胶密封层,密封层正对胎面下方还有一层自黏层,密封层和自黏层可以自行将刺穿的孔黏合,这样当轮胎穿孔时压力不会迅速下降,保证了行车安全。

(2)质量轻。无内胎轮胎没有内胎和垫带,结构简单,质量轻,行驶时滚动阻力小,降低了燃油消耗,减少了尾气排放。

(3)散热性能好。无内胎轮胎没有内胎,不存在内、外胎之间摩擦产生的热量,直接跟轮辋接触散热,散热性能好,延长了轮胎的使用寿命。

无内胎轮胎的缺点是:遇到轮胎故障途中不易维修,有自黏层的无内胎轮胎在气温较高时容易软化流动,破坏轮胎平衡,因此一般采用无自黏层的无内胎轮胎。

三、汽车轮胎的规格与表示方法

(一)轮胎规格

轮胎规格主要是用轮胎外径 D、轮辋直径 d、轮胎断面高度 H、轮胎断面宽度 B 来表示,充气轮胎尺寸标记如图 12-6 所示。

我国轮胎现执行的标准是《载重汽车轮胎规格、尺寸、气压与负荷》(GB/T 2977—2016)、《轿车轮胎规格、尺寸、气压与负荷》(GB/T 2978—2014)。对轮胎规格具体解读如图 12-7 示例 1、示例 2 所示,前四项表示的是结构尺寸,后两项表示的是使用条件。特别说明:若轮胎最高速度超过 300km/h,结构类型代号为 ZR,括号内由速度符号 Y 和相应的负荷指数组成使用说明,如 245/45ZR17(95Y)。

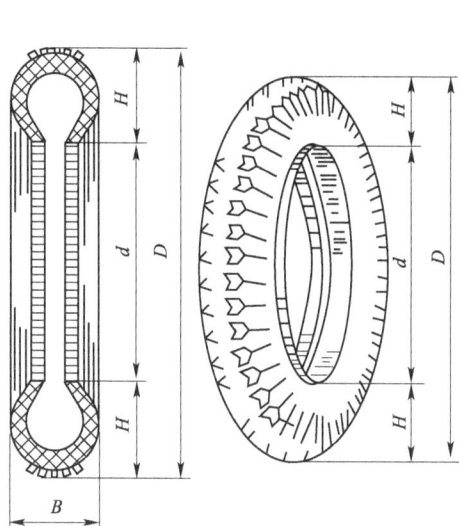

图 12-6 轮胎尺寸标记

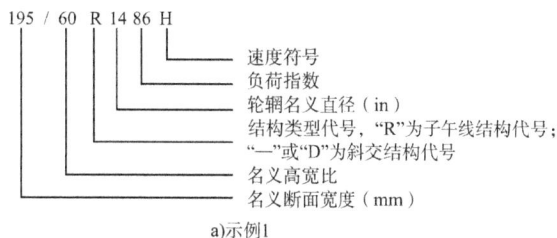

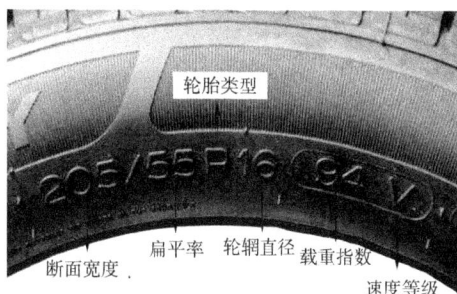

195 / 60 R 14 86 H
速度符号
负荷指数
轮辋名义直径（in）
结构类型代号,"R"为子午线结构代号;
"—"或"D"为斜交结构代号
名义高宽比
名义断面宽度（mm）

a)示例1

轮胎类型

205/55R16 94 V

断面宽度　扁平率　轮辋直径　载重指数
速度等级

b)示例2

图 12-7 轮胎规格示例

1.扁平率

轮胎的名义高宽比即扁平率,由轮胎断面高度 H 与断面宽度 B 之比计算所得,表示为 $H/B \cdot 100\%$。轿车常见的扁平率有 80%、75%、70%、65%、60% 五个系列。

扁平率越小,轮胎胎面越宽,接地面积越大,摩擦系数增大,轮胎的制动性能也随之提高;扁平率越小,胎侧变矮,转弯时滑移率减小,抗侧向稳定性强;扁平率越小,降低了整车质心,提高了汽车的行驶稳定性和平顺性。

2.轮胎速度级别

轮胎的速度级别表示汽车在规定条件、规定负荷下的最高行驶速度。要求轮胎的速度性能与汽车的最高速度相匹配。速度级别 P-T 的轮胎适用于紧凑型轿车、U-V 适用于中高端轿车、W-Z 的适用于豪华轿车或跑车。

轮胎速度级别代号与对应最高行驶速度见表 12-1。

轮胎速度符号与最高速度对应表 　　　　　　　　　　表 12-1

速 度 符 号	最高速度（km/h）	速 度 符 号	最高速度（km/h）
C	60	P	150
D	65	Q	160
E	70	R	170
F	80	S	180
G	90	T	190
J	100	H	210
K	110	V	240
L	120	W	270
M	130	Y	300
N	140	—	—

3. 负荷指数

负荷指数表示轮胎的最大负荷值,指数越大,承载能力越强。

行驶速度在 210km/h 以下时,负荷指数对应的负荷能力见表 12-2。

负荷指数与负荷能力对应表 　　　　　　　　　　表 12-2

负荷指数	负荷能力（kg）	负荷指数	负荷能力（kg）	负荷指数	负荷能力（kg）	负荷指数	负荷能力（kg）	负荷指数	负荷能力（kg）
60	250	75	387	90	600	105	925	120	1400
61	257	76	400	91	615	106	950	121	1450
62	265	77	412	92	630	107	975	122	1500
63	272	78	425	93	650	108	1000	123	1550
64	280	79	437	94	670	109	1030	124	1600
65	290	80	450	95	690	110	1060	125	1650
66	300	81	462	96	710	111	1090	126	1700
67	307	82	475	97	730	112	1120	127	1750
68	315	83	487	98	750	113	1150	128	1800
69	325	84	500	99	775	114	1180	129	1850
70	335	85	515	100	800	115	1251	130	1900
71	345	86	530	101	825	116	1250		
72	355	87	545	102	850	117	1285		
73	365	88	560	103	875	118	1320		
74	375	89	580	104	900	119	1360		

(二)胎侧标志

1.胎面、胎体结构

轮胎胎侧标有轮胎的具体结构,如图 12-8 所示,TREAD 5 PLIES (2 POLYESTER CORD +2 STEEL CORD +1 POLYAMIDE CORD),表示胎冠的结构为 5 层(2 层纤维线 +2 层钢丝线 +1 层尼龙线)。SIDEWALL 2 PLIES POLYESTER CORD,表示胎侧结构层为 2 层(2 层纤维线)。

2.生产日期

轮胎胎侧有 DOT 三个字母,表示该轮胎经过美国交通部的安全认证,在 DOT 后面有四个数字表示的就是轮胎的生产日期,轮胎的生产日期表示方法较为特殊,后两位表示年份,前两位表示周数,如图 12-9 所示,3014 表示该轮胎的生产日期是 14 年第 30 周。

图 12-8　轮胎结构层

图 12-9　轮胎生产日期

3.磨损指示标记

在轮胎花纹沟槽处有每个轮胎的极限磨损标志,为了方便查找磨损极限标记,在轮胎胎侧有"TWI"或"△"的磨损指示标记,顺着这个标记看向胎冠即可找到极限磨损标志,如图 12-10所示。

4.轮胎 3T 标志

TREADWEAR、TRACTION、TEMPERATURE 称为轮胎的 3T 标志,如图 12-11 所示。

图 12-10　轮胎磨损指示标记

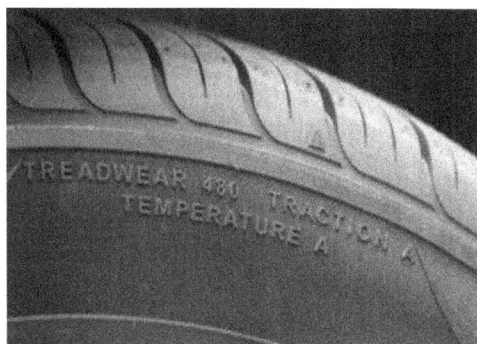

图 12-11　轮胎 3T 标志

TREADWEAR 表示的是磨耗指数,磨耗指数越高表示轮胎越耐磨。磨耗指数 100 的轮胎能行驶的里程是 48000km,磨耗指数 200 的轮胎能行驶的里程是 96000km,磨耗指数 200

的轮胎在试验场地上比磨耗指数 100 的轮胎可以多跑一倍的距离。标准的夏季胎磨耗指数范围是 160～300,夏季高性能胎的磨耗指数范围是 160～200,全天候胎的磨耗指数范围是 300～540。

TRACTION 表示轮胎的牵引力指数,衡量轮胎在湿滑试验路面的制动能力,一共有 AA、A、B、C 四个等级。AA 级别表示优秀,在湿滑试验路面制动距离最短;A 级表示良好;B 级表示一般;C 级表示合格。

TEMPERATURE 表示轮胎的温度指数,可以衡量轮胎的散热能力,一共有 A、B、C 三个等级。A 级别表示优秀,散热性能最好;B 级良好;C 级是合格,满足最低标准要求。

5. 最大载重和最大充气压力标记

胎侧标记 MAX LOAD 和 MAX PRESS 表示最大载重量和最大充气压力。如图 12-12 所示:MAX LOAD 615kg 表示最大承重为 615kg;MAX PRESS 350kPa 表示最大充气压力为 350kPa。

6. 安装方向标志

轮胎胎侧有"OUTSIDE"标志,在安装的时候有"OUTSIDE"标记的一侧要装在外侧,如图 12-13 所示。

图 12-12　最大载重和最大充气压力标记

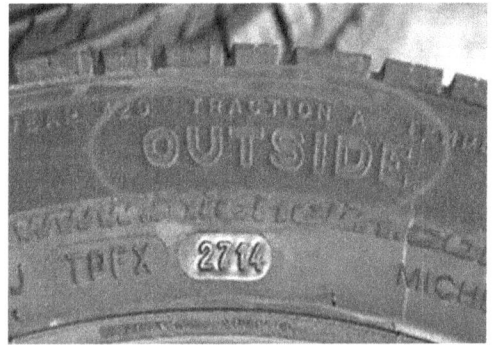

图 12-13　最大载重和最大充气压力标记

四、汽车轮胎的使用与维护

(一)汽车轮胎的使用

1. 保持轮胎胎压正常

决定轮胎使用寿命和工况的一个重要因素就是轮胎的胎压,胎压的高低会受行驶条件、充气时的压力、缓慢泄漏等因素影响,因此我们要定期检查胎压。可以在冷态下使用胎压表进行胎压的检查,也可通过时刻关注胎压检测系统的数值来判断胎压是否标准。轮胎在各种负荷下的胎压标准参数可在驾驶员车门边查阅。轮胎胎压稍微高于标准值时使用寿命会延长,过高或过低于标准值使用寿命都会缩短。

轮胎胎压过低时,轮胎胎侧变形增大,胎冠向内凹陷,轮胎的接地面积增大,造成胎肩磨损严重。由于胎侧过度变形使得帘布层中的帘线应力增加,在行驶中轮胎温度升高,会使帘布与橡胶脱层,加速橡胶老化,帘线松散,甚至断裂。胎压低于标准值25%,轮胎使用寿命将缩短30%,增加燃油消耗10%以上。

轮胎胎压过高时,胎冠向外突出,接地面积减小,胎冠磨损严重。胎压过高,在行车中轮胎跳动严重,影响操纵稳定性。由于轮胎内部压力增大,帘布层、橡胶过度拉伸,轮胎刚性增加,行驶中遇到障碍物冲击极易爆胎。胎压高于标准值25%,轮胎使用寿命将缩短15%~20%。

2.防止轮胎超载

轮胎超载会降低轮胎的使用寿命,也会影响行车安全。轮胎负荷增加后,帘线和帘布应力增大,帘线与橡胶层和帘布松散,甚至折断,轮胎变形加大,接地面积也随之增加,造成轮胎胎肩磨损。这与轮胎胎压过低时的损坏情况相似,但是超载造成的后果更加严重。轮胎超载时禁止采用提高胎压的方法进行补偿,这会使轮胎帘布层帘线应力继续增大,导致轮胎早期报废。

轮胎超载后使得轮胎显著变形,轮胎温度迅速上升,在碰到障碍物时极易导致轮胎爆破。轮胎超过负荷10%,寿命缩短20%;轮胎超过负荷30%,轮胎行驶时滚动阻力增加45%~60%,燃油消耗大大增加。

3.行车中控制轮胎温度

汽车在行驶过程中,轮胎与路面间受到驱动力、制动力、转向力等作用,会因摩擦产生大量的热量;轮胎在运行中连续伸张压缩变形,轮胎内部橡胶分子间、轮胎与轮辋间也会产生热量;在夏季行车或长途驾车时,轮胎的温度会上升得更快更高。随着轮胎温度的升高,轮胎材料性能下降,帘布层帘线松散甚至折断,胎面磨损加剧,影响轮胎的使用寿命。轮胎温度应控制在90℃以下,超过95℃极易爆胎。胎面温度每增加1℃,轮胎磨损上升2%。如果轮胎温度过高,接近允许的最大值时,建议降低车速行驶或在阴凉处停车自然降温,禁止采用放气降压的方法降温,禁止泼水降温。

汽车高速行驶时,轮胎承受的荷载变化、地形变化、离心力变化等次数明显增加,轮胎温度急剧上升,轮胎强度急剧下降。汽车行驶速度每提高一倍,轮胎行驶里程就会下降50%。

4.合理搭配轮胎

轮胎要合理搭配,使全部轮胎磨损情况一致,使用寿命相同。安装新轮胎时同轴轮胎要保证规格、结构、花纹、层级都是相同的,最好是同一厂家、同一品牌,因为每个厂家生产轮胎的模具存在误差,如果用在同轴上可能会引起转向跑偏,高速还可能导致侧滑;装用成色不同的轮胎时,最好的轮胎一般装在前轮,保证良好的转向性能;翻新胎不可用作转向轮。

5.良好的底盘技术状况

底盘的技术状况会影响轮胎的使用,如四轮定位参数异常、轮胎不平衡、车架变形、轮辋轴承松旷、制动器故障、转向传动机构间隙过大等都会造成轮胎的异常磨损。

四轮定位中前轮外倾和前轮前束值异常,轮胎受到侧向力作用,会发生横向滑移引起磨损;轮胎不平衡、轮辋轴承松旷、转向传动机构间隙过大会引起汽车振动和摆动导致轮胎磨损;车架变形影响四轮定位参数,造成轮胎磨损;制动器故障,如不能及时解除制动或制动力不均匀,易造成胎面磨损。

6. 良好的驾驶习惯

轮胎本身状况良好,但是如果驾驶员驾驶习惯不好,不精心驾驶车辆也会影响轮胎的使用寿命。避免紧急起步,以防止造成轮胎滑转,加剧轮胎磨损;避免急转弯,并要降速过弯,以防轮胎偏磨;避免紧急制动,以防轮胎拖磨;避免在不良路面行驶;避免停车后持续转动转向盘;避免行车时靠近路边或人行道,以防刮伤胎侧;避免轮胎过热时放气或泼水降温;避免将车停在油污和钢渣聚集地。

(二)汽车轮胎的维护

1. 定期检查轮胎表面磨损情况

轮胎在使用中应注意轮胎的磨损情况,过度磨损的轮胎极易发生爆胎,而且容易打滑和延长制动距离。尤其是雨中高速行驶时,若轮胎花纹较浅,不能将水从胎面完全排出,易发生水滑导致车辆失控,影响行车安全。从安全角度出发,最好在花纹还较深时就更换新轮胎,但从经济性来说费用过高。所以为了兼顾安全和经济,轮胎胎面设有磨损极限标志。

磨损极限标志位于轮胎胎面凹槽处,如图 12-14 所示。磨损极限厚度约 1.6mm,当轮胎磨损到 2 倍磨损极限标记厚度时(3.2mm),要经常检查,一旦达到磨损极限值建议翻新或更换。为了方便用户查找磨损标记,轮胎胎肩处标有"TWI"或是"△"符号。除了定期检查轮胎磨损外,还要经常检查轮胎表面有无鼓包、割伤、裂纹、起皮等其他损坏。

通过轮胎花纹深度的测量,可以了解轮胎的成色。例如某新轮胎的花纹深度为 19mm,花纹磨损的极限残值是 3mm,那这个轮胎允许的磨损量为 16mm,经过测量此时轮胎的花纹磨损量为 8mm,那么说明该轮胎的成色是 1/2。

2. 检查异常轮胎磨损

汽车前轮定位不准确是导致轮胎异常磨损的主要原因之一,建议每行驶 2 万 km 可做一次四轮定位,以保证轮胎正常使用。常见的异常磨损有以下几种:

(1)轮胎胎面中部磨损严重(图 12-15)。导致这种现象的主要原因是:轮胎气压长期偏高,轮胎胎面过宽、轮辋过窄。

图 12-14 轮胎磨损标记

图 12-15 轮胎中部磨损

轮胎的气压稍微高于规定值,可以减小轮胎的滚动阻力,降低汽车的燃油消耗,但是胎压过高,轮胎的刚性增强,减振性能降低,影响乘坐舒适性;胎压过高,胎冠中部突出,轮胎的接地面积减小,轮胎的磨损主要靠胎面中央承担,导致轮胎胎面中部磨损严重,胎纹磨光。

(2)轮胎胎面两侧磨损严重(图12-16)。导致这种现象的主要原因是:轮胎气压长期偏低,汽车超载,轮胎轮辋不匹配。

轮胎气压长期低于规定值时,轮胎胎面向内弯曲,使轮胎两侧与地面的接触面积增大,胎面中央负荷减小,胎面两侧负荷加大,导致轮胎两侧磨损严重;轮胎超载也会造成胎面两侧磨损严重,但是轮胎的损坏更为严重,出现这种磨损时要及时调整胎压,避免超载行驶,还要检查轮胎与轮辋是否匹配。

不同胎压下的轮胎磨损情况如图12-17所示。

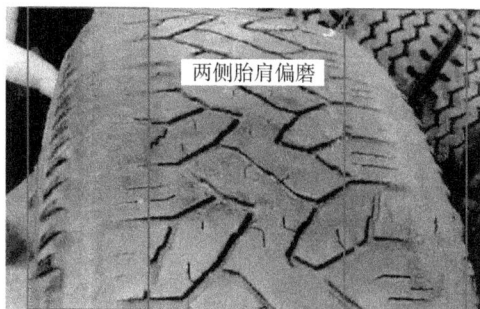

图12-16 轮胎两侧磨损

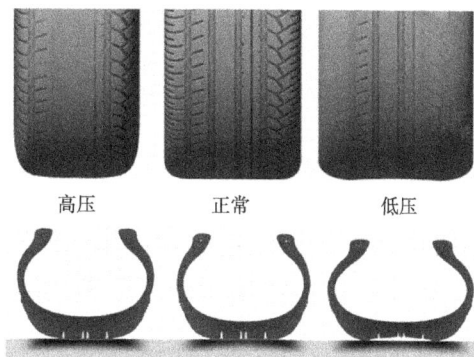

图12-17 不同胎压下的轮胎磨损情况

(3)轮胎胎冠单侧磨损严重(图12-18)。导致这种现象的主要原因是:四轮定位不准确,车轮长期没有换位,汽车经常急转弯。

图12-18 轮胎单侧磨损

四轮定位参数不准确会导致轮胎单侧磨损严重。前轮外倾角偏大或前轮前束过小时,轮胎胎冠内侧磨损严重;前轮外倾角偏小或前轮前束过大时,轮胎胎冠外侧磨损严重。车轮长期不换位、转弯行驶不减速也会造成轮胎单侧异常磨损,影响轮胎使用寿命。

(4)轮胎胎面呈锯齿状磨损(图12-19)。导致这种现象的主要原因是:车轮定位参数失准,轮毂轴承磨损松旷,前悬架位置异常。

若存在车轮定位参数失准、轮毂轴承磨损松旷、前悬架位置异常等任何一种故障现象,车轮在行驶中不能做纯滚动运动,易发生滑动或是前轮定位参数一直在发生变化,会造成轮胎的锯齿状磨损。

（5）轮胎胎面花纹局部磨损（图12-20）。导致这种现象的主要原因是：快速起步，紧急制动。

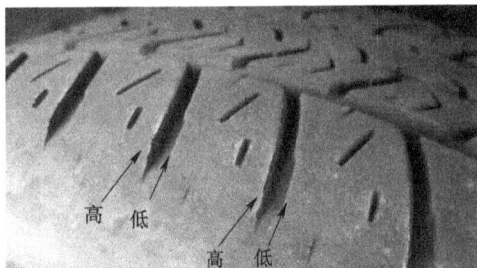

图12-19　轮胎胎面锯齿状磨损

图12-20　轮胎花纹局部磨损

汽车突然快速起步，易造成轮胎打滑；汽车紧急制动，易导致轮胎抱死。打滑和抱死都极易引起轮胎局部磨损严重。轮胎局部磨损最严重的地方就是最容易发生爆胎的部位。为了保证行车安全，当轮胎出现局部磨损严重时就应该更换轮胎。

（6）轮胎磨损均匀但磨损量大（图12-21）。导致这种现象的主要原因是：轮胎选用不合理，轮胎长期没有换位。

要针对不同的地形选用合适的轮胎，若选择的轮胎花纹不适应行驶的路面，就会造成轮胎均匀磨损但磨损严重。汽车的所有轮胎应保证规格、花纹、结构、厂家都是同一的，若轮胎花纹不一致也会造成均匀磨损。轮胎需要进行定期换位，如若长期不换位也会造成大幅度均匀磨损。

（7）轮胎胎面呈斑秃形磨损（图12-22）。导致这种现象的主要原因是：车轮运转不平衡。

图12-21　轮胎均匀大幅磨损

图12-22　轮胎斑秃磨损

车轮运转不平衡是造成轮胎胎面出现斑秃磨损的主要原因。若轮胎运转不平衡，在高速行驶时，整个轮胎胎面的受力分布不均，胎面受力较大的部位会快速磨损，轮胎胎面就会出现斑秃磨损。轮胎不平衡还会造成转向盘抖动，影响驾驶感，为了纠正轮胎的不平衡需要做轮胎动平衡。

（8）轮胎胎冠割裂或刺伤（图12-23）。导致这种现象的主要原因是：路面障碍物所致。

汽车在行驶中遇到铁钉、碎石、钢筋等锋利物都会造成胎冠割裂或刺伤，这些锋利物甚至会穿透轮胎花纹损坏轮胎帘布层，使胎冠剥离，轮胎报废。

3. 定期检查轮胎气压

要定期检查轮胎胎压，胎压过高或过低都会造成轮胎异常磨损，影响轮胎的使用寿命。建议每月或换季至少检查一次胎压。

我国标准型胎压是 2.4~2.5bar[1]，增强型胎

图12-23 轮胎胎冠割裂

压是2.8~2.9bar，轮胎胎压可根据季节、负荷、路况等进行调整。冬季可按照标准上调0.2bar，夏季下调0.1bar；空载/半载调到标准下限，满载调到标准上限；颠簸路面按照标准下调0.1~0.2bar，高速良好路面上调0.2bar；新轮胎按照标准调高0.2bar，磨损严重的调到标准下限。

4. 定期进行轮胎换位

汽车轮胎由于驱动形式不同、负荷不同、道路条件不同，会造成轮胎磨损部位和磨损程度不同，为了使全部车轮磨损情况一致，保证行车安全，延长轮胎的使用寿命，要定期对轮胎进行换位。轮胎换位的时间参照汽车自带的维护手册，一般两轮驱动的车辆每行驶8000km应做换位，四轮驱动每行驶6000km时换位。如果行驶里程超过2万km还未换位，则不建议换位了，因为轮胎已有一定磨损，换位可能发生跑偏现象。

轮胎换位的方法有交叉换位法、单边换位法和循环换位法，主要使用的是单边换位和交叉换位。轮胎换位应根据轮胎的不同特点采用不同的换位方法，如图12-24所示。

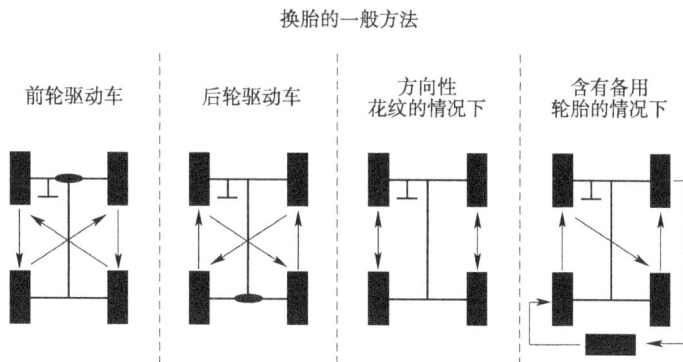

换胎的一般方法

前轮驱动车　后轮驱动车　方向性花纹的情况下　含有备用轮胎的情况下

图12-24 轮胎换位

---

[1] 1bar = 10^5 Pa。

（1）花纹无方向斜交轮胎的换位。花纹无方向的斜交轮胎在使用中前轮较后轮磨损严重，可将轮胎同轴换位，即左前轮换到右前轮，左后轮换到右后轮，使用一段时间后前轴轮胎磨损严重更换新的前轮，旧的前轮可进行翻新、报废或作为备胎使用。

（2）子午线轮胎的换位。子午线轮胎使用单边换位法进行轮胎换位，保证轮胎的旋转方向不发生改变。子午线轮胎由于结构原因其旋转方向是唯一的，若改变了旋转方向，行驶时会有振动、发飘的感觉，还不利于轮胎散热，甚至导致爆胎。

（3）不同驱动方式的换位。前轮驱动的轮胎换位：驱动轮平行换位，非驱动轮交叉换位；将左前轮换到左后轮，右前轮换到右后轮，左后轮换到右前轮，右后轮换到左前轮。

后轮驱动的轮胎换位：驱动轮平行换位，非驱动轮交叉换位；左后轮换到左前轮，右后轮换到右前轮，左前轮换到右后轮，右前轮换到左后轮。

四轮驱动的轮胎换位：采用交叉换位法。

轮胎换位的注意事项：

（1）根据汽车具体情况选择合适的换位方法，选定后不再改变；

（2）汽车所有轮胎规格、花纹、结构、厂家都是同一的才能进行换位；

（3）花纹有方向的轮胎换位不改变旋转方向；

（4）子午线轮胎换位不改变旋转方向；

（5）换位后根据轮胎位置要求重新调整轮胎胎压。

轮胎换位后在行驶中可能会感觉到有点轻微跑偏，刚开始驾驶员可能会有点不适应，此时应该检查轮胎胎压是否正常，轮胎有无异常磨损，如若都正常，那就可能是由以下原因造成的：一是轮胎换位后，轮胎的旋转方向改变造成的操控性能变化，使用一段时间后，轮胎会适应相反的旋转方向，这种感觉就会消失；二是驾驶员感受比较敏感，车辆操控性的微小变化，被驾驶员的感官给放大了，适应以后这种感觉就会消失。如果经过一段时间适应磨合后，行驶跑偏的感觉还是比较明显，那就需要进行四轮定位，检查定位参数是否准确。如果该车使用的是电子助力转向，需要对转向系统进行对中学习。

技能实训

备胎的更换

1. 准备工作

（1）场地设施：装有尾气抽排系统和消防设施的场地。

（2）设备设施：实训车辆、指针式扭力扳手、108套筒工具盒、工具车、弯把轮胎扳手、千斤顶、警示牌。

2. 实训过程

（1）在更换备胎前，将汽车停在坚硬、平坦的地面上，将发动机熄火，拉紧驻车制动器操纵杆，挂入P挡，开启危险报警闪光灯，如图12-25所示。

（2）从汽车行李舱取出三角警示牌放置在车辆后方50～100m处（由于实训场地有限，放置在车后5m处），如图12-26所示。三角警示牌主要是警示后方来车，请对方提前避让。

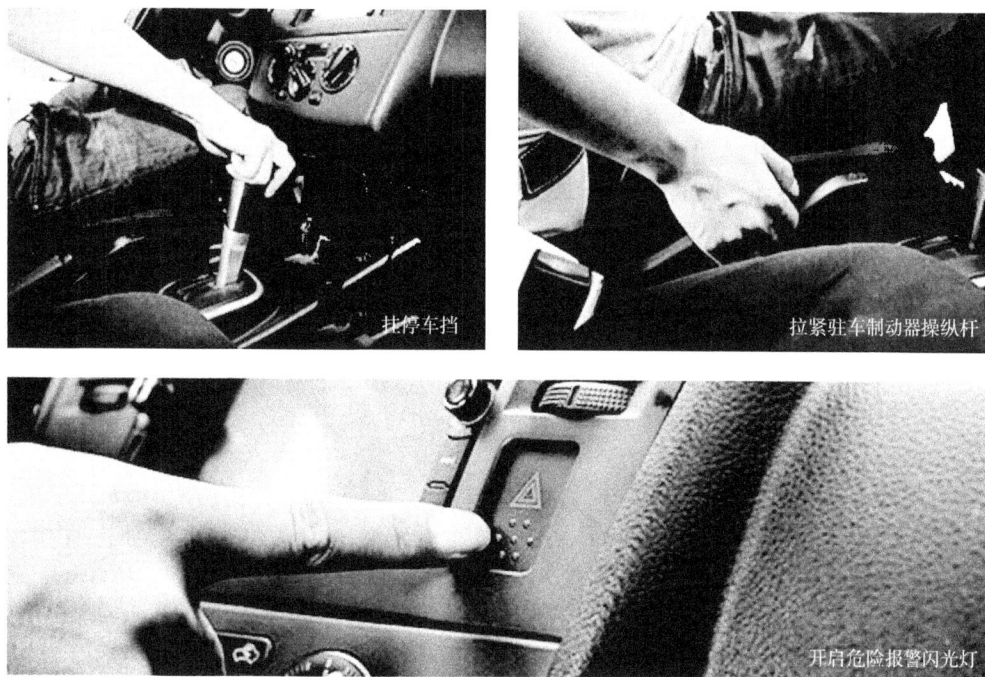

图 12-25 换胎准备工作

（3）在车轮处安装挡块，以防在举升过程中千斤顶侧倒引发意外。

（4）将汽车随车工具（千斤顶和轮胎弯把扳手）从行李舱取出放在工具车内，将专用工具也放置在工具车内。

（5）取出备胎。

备胎一般放置在行李舱地板下，根据车型不同，有的备胎还会固定在行李舱门外或是车尾下面。备胎通常使用螺栓固定的，逆时针方向拧松螺栓即可取出。

图 12-26 放置三角警示牌

（6）轮胎预松。

使用指针式扭力扳手将螺栓预松。一般轿车轮胎的螺栓是逆时针方向为拧松，顺时针方向为拧紧。为了防止紧固件因受力不均而变形，采用对角线的方法拧松螺栓。有的车型会采用防盗螺栓，其中一颗螺栓相对较小，需要使用配套的防盗螺栓套才能拧松。在这个步骤中，只要把螺栓稍微拧松就可以，等千斤顶放好后再全部拧下。

（7）支起千斤顶。

对轮胎螺栓进行预松之后，使用千斤顶举升车辆，只需举升至轮胎稍微离地即可。使用千斤顶时要注意：一定要将千斤顶放置在车辆底部的千斤顶卡槽内，以防在举升过程中损坏底盘或发生滑动造成意外。

（8）取下轮胎。

在取下轮胎之前和安装备胎之前都应将备胎或换下的轮胎放置在车底，防止千斤顶错位使底盘着地发生意外。使用弯把轮胎扳手将拧松的螺栓依次拧下,然后将轮胎整体取下。

(9)安装备胎并紧固螺栓。

将备胎对准螺栓孔,先用手带上一颗螺栓,然后将剩余的螺栓依次拧上,最后用扳手紧固螺栓。在紧固螺栓时依然采用对角线的顺序,若紧固的是五颗螺栓,先按照对角线顺序拧紧四颗,最后紧固第五颗。在紧固过程中,需保证每颗螺栓的紧固圈数一致,使所有螺栓受力均匀。

(10)再次紧固螺栓。

螺栓拧紧后,将千斤顶移走(同时将垫在车下的轮胎移走),使轮胎与地面接触,用指针式扳手将螺栓再次紧固到规定力矩。步骤(5)~(10)如图 12-27 所示。

a)取出备胎及工具

按对角线顺序拧松螺栓

借力拧松螺栓

b)预松螺栓

c)支千斤顶

d)取下轮胎

e)安装备胎

f)再次紧固螺栓

图 12-27　备胎更换步骤

（11）收回工具，将换下的轮胎放回至行李舱，并用螺栓固定轮胎，备胎更换完成。

模块小结

（1）普通有内胎的充气轮胎由外胎、内胎和垫带组成。

（2）外胎由胎面、缓冲层、帘布层、胎圈组成。

（3）胎面是外胎的表层，主要作用是保护胎体，以防路面对胎体造成损害。胎面由胎冠、胎肩和胎侧三部分组成。

（4）胎冠是指轮胎直接跟路面接触的部分。主要作用是与路面产生较大的附着力，承受路面各种冲击和磨损。

（5）轮胎花纹主要分普通花纹、混合花纹、越野花纹。普通花纹又分为横向花纹和纵向花纹。

（6）胎肩是较硬的厚的胎冠与较薄的胎侧间的过渡部分。胎肩为了方便散热也制有各种花纹。

（7）胎侧是指胎体帘布侧壁的橡胶薄层。主要作用是保护胎侧帘布层不受磨损。

（8）缓冲层指的是用于斜交轮胎胎面和胎体之间的纤维层。主要作用是缓冲和衰减路面振动，保护胎体，同时使胎体胎面更加黏合，增大它们之间的附着力。

（9）帘布层用钢丝、聚酯纤维、棉线、尼龙、人造丝等材料加工制成，是外胎的骨架，用来保证轮胎形状和尺寸的稳定性。

（10）斜交轮胎是指帘布层帘线与胎面中心夹角呈35°角，按斜线交叉排列的充气轮胎。

（11）子午线轮胎是指帘布层帘线与胎面中心夹角呈90°角的充气轮胎，因与地球子午线相似而得名。

（12）子午线轮胎的优点有：滚动阻力小，燃油消耗低；承载能力强；耐磨性能好；附着性能好；散热性能好。

（13）胎圈由胎圈芯和胎圈包布等组成，主要作用是将轮胎固定在轮辋。

（14）垫带是装在内胎和轮辋之间的环形胶带，主要作用是保护内胎，以防内胎被轮辋和胎圈磨损或擦伤。

（15）内胎是装有充放气的气门嘴的环形橡胶管，耐热具有良好的弹性、气密性。

（16）无内胎轮胎的优点是穿孔可自行黏合、质量轻、散热性能好。

（17）轮胎规格主要是用轮胎外径 D、轮辋直径 d、轮胎断面高度 H、轮胎断面宽度 B 来表示。

（18）轮胎的名义高宽比即扁平率，由轮胎断面高度 H 与断面宽度 B 之比计算所得，表示为 $H/B \cdot 100\%$。

（19）轮胎的生产日期的后两位表示年份，前两位表示周数。

（20）TREADWEAR、TRACTION、TEMPERATURE 称为轮胎的 3T 标志。

（21）有"OUTSIDE"标记的轮胎一侧要装在外侧。

（22）轮胎使用时要保持轮胎胎压正常、防止轮胎超载、行车中控制轮胎温度、合理搭配轮胎、具备良好的底盘技术状况、具备良好的驾驶习惯。

（23）轮胎要注意维护，应定期检查轮胎表面磨损、定期检查异常磨损、定期检查轮胎气压、定期进行轮胎换位。

（24）常见的轮胎异常磨损类型有：胎面中部磨损严重、胎面两侧磨损严重、胎冠单侧磨损严重、胎面局部磨损严重、胎面两侧花纹呈锯齿状磨损、胎面花纹磨损均匀且磨损量大、胎面斑秃形磨损、轮胎胎冠割裂或刺伤。

（25）常用的轮胎换位方法为交叉换位法和平行换位法。

思考与练习

（一）不定项选择题

1. 如今的车辆上应用最广泛的轮胎帘线层是（　　）。
    A. 子午线帘线层　　　　　　　　　B. 斜交帘线层
    C. 多向帘线层　　　　　　　　　　D. 子午线斜交帘线层

2. 下列对胎圈的说法正确的是（　　）。
    A. 由胎圈芯和胎圈包布等组成
    B. 能克服轮胎在转弯时所受的横向力使外胎不致脱出轮辋
    C. 加强轮胎的排水能力
    D. 提供对轮胎的冷却作用

3. 轮胎的速度等级是（　　）。
    A. 表示轮胎在正常状态下轮胎最大速度值的工业标准字母
    B. 表示轮胎不能超过的最大速度值的数字
    C. 表示轮胎最大荷载下的最大速度值的数字
    D. 表示轮胎在正常状态下轮胎最大速度值的工业标准数字

4. 下列有关扁平率的说法正确的是（　　）。
    A. 较高的扁平率表示轮胎是圆的
    B. 较高的扁平率表示轮胎的侧壁相对于宽度是比较高的
    C. 较高的扁平率表示轮胎的侧壁相对于宽度是比较低的
    D. 较低的扁平率表示轮胎的侧壁相对于宽度是比较高的

（二）判断题

1. 子午线轮胎一般采用循环换位法。　　　　　　　　　　　　　　（　　）
2. 天气炎热行车时，若轮胎胎压出现过高情况，为了避免发生爆胎，可采用放气的方法降低胎压。　　　　　　　　　　　　　　（　　）

（三）简答题

1. 简述轮胎的作用。
2. 比较轮胎横向花纹和纵向花纹的优缺点。
3. 简述子午线轮胎的优缺点。
4. 解读轮胎规格 185/60 S R 13。
5. 如何正确使用轮胎？
6. 轮胎换位是否有用？为什么？
7. 如果将原车 185/60 R13 的轮胎更换为 195/65 R15 的轮胎，是否可行？说明理由。
8. 简述更换备胎的步骤。

参 考 文 献

[1] 胡海玲.汽车运行材料[M].北京:中国铁道出版社,2016.
[2] 戴汝泉.汽车运行材料[M].北京:机械工业出版社,2012.
[3] 孙凤英.汽车运行材料[M].北京:人民交通出版社,2005.
[4] 高延龄.汽车运用工程[M].北京:人民交通出版社,1995.
[5] 江涛.汽车运行材料.[M].北京.北京大学出版社,2014.
[6] 武丹,马成权,白瑛.汽车材料[M].北京:北京理工大学出版社,2015.
[7] 白树全,高美兰.汽车应用材料[M].北京:北京理工大学出版社,2013.
[8] 郎全栋,曹晓光.汽车使用技术[M].北京:高等教育出版社,2009.
[9] 王英杰,车向前.汽车材料[M].北京:高等教育出版社,2014.
[10] 曹晓光,崔淑华.汽车运用基础[M].北京:高等教育出版社,2007.
[11] 杨宏进.汽车运用基础[M].北京:人民交通出版社,2007.
[12] 中华人民共和国行业标准.NB/SH/T 0521—2010 乙二醇型和丙二醇型发动机冷却液[S].北京.中国石化出版社,2010.
[13] 中华人民共和国国家标准.GB/T 2977—2016 载重汽车轮胎规格、尺寸、气压与负荷[S].北京:中国标准出版社,2010.
[14] 中华人民共和国国家标准.GB/T 2978—2014 轿车轮胎规格、尺寸、气压与负荷[S].北京:中国标准出版社,2010.

人民交通出版社汽车类高职教材部分书目

书 号	书 名	作 者	定价（元）	出版时间	课件
一、全国交通运输职业教育教学指导委员会规划教材　新能源汽车运用与维修专业					
978-7-114-14405-9	新能源汽车储能装置与管理系统	钱锦武	23.00	2018.02	有
978-7-114-14402-8	新能源汽车高压安全及防护	官海兵	19.00	2018.02	有
978-7-114-14499-8	新能源汽车电子电力辅助系统	李丕毅	15.00	2018.03	有
978-7-114-14490-5	新能源汽车驱动电机与控制技术	张利、缑庆伟	28.00	2018.03	有
978-7-114-14465-3	新能源汽车维护与检测诊断	夏令伟	28.00	2018.03	有
978-7-114-14442-4	纯电动汽车结构与检修	侯涛	30.00	2018.03	有
978-7-114-14487-5	混合动力汽车结构与检修	朱学军	26.00	2018.03	有
二、高职汽车检测与维修技术专业立体化教材					
978-7-114-14826-2	汽车文化	贾东明、梅丽鸽	39.00	2018.08	有
978-7-114-14744-9	汽车维修服务实务	杨朝、李洪亮	22.00	2018.07	有
978-7-114-14808-8	汽车检测技术	李军、黄志永	29.00	2018.07	有
978-7-114-14777-7	旧机动车鉴定与评估	吴丹、吴飞	33.00	2018.07	有
978-7-114-14792-0	汽车底盘故障诊断与修复	侯红宾、缑庆伟	43.00	2018.07	有
978-7-114-13154-7	汽车保险与理赔	吴冬梅	32.00	2018.05	有
978-7-114-13155-4	汽车维护技术	蔺宏良、黄晓鹏	33.00	2018.05	有
978-7-114-14731-9	汽车电气故障诊断与修复	张光磊、周羽皓	45.00	2018.07	有
978-7-114-14765-4	汽车发动机故障诊断与修复	赵宏、刘新宇	45.00	2018.07	有
三、交通运输职业教育教学指导委员会推荐教材、高等职业教育规划教材					
1. 汽车运用与维修技术专业					
978-7-114-11263-8	■汽车电工与电子基础（第三版）	任成尧	46.00	2017.06	有
978-7-114-11218-8	■汽车机械基础（第三版）	凤勇	46.00	2018.05	有
978-7-114-11495-3	■汽车发动机构造与维修（第三版）	汤定国、左适够	39.00	2018.05	有
978-7-114-11245-4	■汽车底盘构造与维修（第三版）	周林福	59.00	2018.05	有
978-7-114-11422-9	■汽车电气设备构造与维修（第三版）	周建平	59.00	2018.05	有
978-7-114-11216-4	■汽车典型电控系统构造与维修（第三版）	解福泉	45.00	2016.1	有
978-7-114-11580-6	汽车运用基础（第三版）	杨宏进	28.00	2018.03	有
978-7-114-11239-3	■汽车实用英语（第二版）	马林才	38.00	2018.08	有
978-7-114-05790-3	汽车及配件营销	陈文华	33.00	2015.08	有
978-7-114-05690-7	汽车车损与定损	程玉光	30.00	2013.06	有
978-7-114-13916-1	汽车专业资料检索（第二版）	张琴友	32.00	2017.08	有
978-7-114-11215-7	■汽车文化（第三版）	屠卫星	48.00	2016.09	有
978-7-114-11349-9	■汽车维修业务管理（第三版）	鲍贤俊	27.00	2016.12	有
978-7-114-11238-6	■汽车故障诊断技术（第三版）	崔选盟	30.00	2017.11	有
978-7-114-14078-5	汽车维修技术（第二版）	刘振楼	25.00	2017.08	有
978-7-114-14098-3	汽车检测诊断技术（第二版）	官海兵	27.00	2017.09	有
978-7-114-14077-8	汽车运行材料（第二版）	崔选盟	25.00	2017.09	有
978-7-114-05662-1	汽车检测设备与维修	杨益明	26.00	2018.05	有
978-7-114-13496-8	汽车单片机及局域网技术（第二版）	方文	20.00	2018.05	有
978-7-114-05655-9	汽车车身电气及附属电气设备维修	郭远辉	26.00	2013.08	有
978-7-114-10520-3	汽车概论	巩航军	29.00	2016.12	有
978-7-114-10722-1	发动机原理与汽车理论（第三版）	张西振	29.00	2017.08	有
978-7-114-10333-9	汽车维修企业管理（第三版）	沈树盛	36.00	2016.05	有
978-7-114-13831-7	汽车空调构造与维修（第二版）	杨柳青	30.00	2018.05	有
978-7-114-12421-1	汽车柴油机电控技术（第二版）	沈仲贤	26.00	2018.05	有
978-7-114-11428-1	汽车使用与技术管理（第二版）	雷琼红	33.00	2016.01	有
978-7-114-14091-4	汽车使用性能与检测技术（第二版）	巩航军	30.00	2017.09	有
978-7-114-11729-9	汽车保险与理赔（第四版）	梁军	32.00	2018.02	有

书 号	书 名	作 者	定价（元）	出版时间	课 件
978-7-114-14306-9	汽车装潢与美容技术（第二版）	全华科友	33.00	2018.05	有
2. 汽车营销与服务专业					
978-7-114-11217-1	■旧机动车鉴定与评估（第二版）	屠卫星	33.00	2018.05	有
978-7-114-14102-7	汽车保险与公估（第二版）	荆叶平	36.00	2017.09	有
978-7-114-08196-5	汽车备件管理	彭朝晖、倪红	22.00	2018.07	
978-7-114-11220-1	■汽车结构与拆装（第二版）	潘伟荣	59.00	2016.04	有
978-7-114-07952-8	汽车使用与维修	秦兴顺	40.00	2017.08	
978-7-114-08084-5	汽车维修服务	戚叔林、刘焰	23.00	2015.08	
978-7-114-11247-8	■汽车营销（第二版）	叶志斌	35.00	2018.03	有
978-7-114-11741-1	汽车使用与维护	王福忠	38.00	2018.05	有
978-7-114-14028-0	汽车保险与理赔（第二版）	陈文均、刘资媛	22.00	2017.08	有
978-7-114-14869-9	汽车维修服务接待（第2版）	王彦峰、杨柳青	28.00	2018.08	
978-7-114-14015-0	客户沟通技巧与投诉处理（第二版）	韦峰、罗双	24.00	2017.09	有
978-7-114-13667-2	服务礼仪（第二版）	刘建伟	24.00	2017.05	有
978-7-114-14438-7	汽车电子商务（第三版）	张露	29.00	2018.02	有
978-7-114-07593-3	汽车租赁	张一兵	26.00	2016.06	
3. 汽车车身维修技术专业					
978-7-114-11377-2	■汽车材料（第二版）	周燕	40.00	2016.04	有
978-7-114-12544-7	汽车钣金工艺	郭建明	22.00	2015.11	有
978-7-114-12311-5	汽车涂装技术（第二版）	陈纪民、李扬	33.00	2016.11	有
978-7-114-09094-3	汽车车身测量与校正	郭建明、李占峰	22.00	2018.05	有
978-7-114-11595-0	汽车车身焊接技术（第二版）	李远军、李建明	28.00	2018.03	有
978-7-114-13885-0	汽车车身修复技术（第二版）	韩星、陈勇	29.00	2017.08	有
978-7-114-09603-7	汽车车身构造与修复	李远军、陈建宏	38.00	2016.12	有
978-7-114-12143-2	车身结构及附属设备（第二版）	袁杰	27.00	2017.06	有
978-7-114-13363-3	汽车涂料调色技术	王亚平	25.00	2016.11	有
4. 汽车制造与装配技术专业					
978-7-114-12154-8	汽车装配与调试技术	刘敬忠	38.00	2018.06	
978-7-114-12734-2	车身焊接技术	宋金虎	39.00	2016.03	有
978-7-114-12794-6	汽车制造工艺	马志民	28.00	2016.04	有
978-7-114-12913-1	汽车 AutoCAD	于宁、李敬辉	22.00	2016.06	有
四、新能源汽车技术专业职业教育创新规划教材					
978-7-114-13806-5	新能源汽车概论	吴晓斌、刘海峰	28.00	2018.08	有
978-7-114-13778-5	新能源汽车高压安全与防护	赵金国、李治国	30.00	2018.03	有
978-7-114-13813-3	新能源汽车动力电池与驱动电机	曾鑫、刘涛	39.00	2018.05	有
978-7-114-13822-5	新能源汽车电气技术	唐勇、王亮	35.00	2017.06	有
978-7-114-13814-0	新能源汽车维护与故障诊断	包科杰、徐利强	33.00	2018.05	有
五、职业院校潍柴博世校企合作项目教材					
978-7-114-14700-5	柴油机构造与维修	李清民、栾玉俊	39.00	2018.07	
978-7-114-14682-4	商用车底盘构造与维修	王林超、刘海峰	43.00	2018.07	
978-7-114-14709-8	商用车电气系统构造与维修	王林超、王玉刚	45.00	2018.07	
978-7-114-14852-1	柴油机电控管理系统	王文山、李秀峰	22.00	2018.07	
978-7-114-14761-6	商用车营销与服务	李景芝、王桂凤	40.00	2018.08	
六、高等职业教育汽车车身维修技术专业教材					
978-7-114-14720-3	汽车板件加工与结合工艺	王选、赵昌涛	20.00	2018.07	有
978-7-114-14711-1	轿车车身构造与维修	李金文、高窦平	21.00	2018.07	有
978-7-114-14726-5	汽车修补涂装技术	王成贵、贺利涛	22.00	2018.07	有
978-7-114-14727-2	汽车修补涂装调色与抛光技术	肖林、廖辉湘	32.00	2018.07	有

■为"十二五"职业教育国家规划教材。咨询电话：010-85285962、85285977；咨询QQ：616507284、99735898。